AF389583

PENSÉES

INGRES

PENSÉES

PARIS

ÉDITIONS DE LA SIRÈNE

29, Boulevard Maleshesbes

1922

PENSÉES D'INGRES

Lorsqu'on sait bien son métier et que l'on a bien appris à imiter la nature, le plus long pour un bon peintre est de *penser* en tout son tableau, de l'avoir pour ainsi dire tout dans sa tête, afin de l'exécuter ensuite avec chaleur et comme d'une seule venue. Alors, je crois, tout paraît senti ensemble. Voilà le propre du grand maître, et voilà ce qu'à force de rêver jour et nuit à son art, on doit acquérir, si l'on est né. L'énorme quantité des ouvrages anciens faits par un seul homme prouve qu'il vient un moment où un artiste de génie se sent comme entraîné par ses propres moyens et fait tous les jours des choses qu'il ne croyait pas savoir faire.

Il me semble être cet homme. Je fais des progrès chaque jour; jamais le travail ne m'a été aussi facile, et cependant mes ouvrages ne sont point lâchés : au contraire. Je finis plus qu'autrefois, mais bien plus vite. Il m'est impossible par nature de ne pas faire toujours mes ouvrages en conscience. Les faire vite pour gagner de l'argent, cela *m'est bien impossible*. (1813.)

Je suis pour les arts ce que j'ai toujours été. L'âge et la réflexion ont, je l'espère, assuré mon goût sans en diminuer la chaleur. Mes

adorations sont toujours Raphaël,
son siècle, les anciens, et, avant
tout, les Grecs divins ; en musique, Glück, Mozart, Haydn. Ma
bibliothèque est composée d'une
vingtaine de volumes, chefs-
d'œuvre immortels, et, avec
cela, la vie a bien des charmes.
(1818.)

Comme je fais de la peinture
pour la bien faire, je suis long,
et, par conséquent, je gagne
peu... Moi, pauvre diable, avec
le travail le plus assidu, et, j'ose
dire, distingué, je me trouve, à
trente-huit ans, n'avoir pu mettre de côté que mille écus à peine;
encore faut-il vivre tous les jours.
Mais ma philosophie, ma bonne
conscience et l'amour de l'art me
soutiennent, et me donnent le

courage, avec les qualités d'une excellente femme, de me trouver passablement heureux. (1818.)

Tout braver avec courage, ne travailler que pour plaire d'abord à sa bonne conscience, puis à peu de monde : voilà le devoir d'un artiste, car l'art n'est pas seulement une profession, c'est aussi un apostolat. Tous ces efforts courageux ont tôt ou tard leur récompense. J'aurai la mienne. Après tant de jours ténébreux, arrivera la lumière. (1820.)

Vivre sagement, borner ses désirs et se croire heureux, c'est l'être véritablement. Vive la médiocrité! C'est le meilleur état de la vie. Le luxe corrompt les qualités du cœur, car il est malheureusement vrai que plus on a plus on veut avoir, et moins on croit avoir. Sans la stupide dissipation de ce qu'on appelle le monde, on vit avec un petit nombre d'amis que l'on s'est faits par l'inclination et par l'expérience; on exerce délicieusement les beaux-arts; les lettres, les connaissances humaines peuvent occuper tous vos instants et vous rendent un autre homme que le vulgaire. Les sources de ces jouissances sont inépuisables. Voilà donc, selon moi, l'homme heureux, le vrai sage, la vraie philosophie. (1821.)

J'ai produit jusqu'à présent (20 avril 1821) beaucoup d'ouvrages au moins aussi bons que ceux des autres, s'ils ne sont pas faits dans un meilleur sens : mais jamais l'ardeur du gain ne m'a fait hâter les soins que je donne à mes ouvrages, conçus et exécutés dans un esprit étranger à l'esprit moderne; car, après tout, leur plus grand défaut aux yeux de mes ennemis est de ne pas assez ressembler aux leurs. Je ne sais qui d'eux ou de moi aura raison à la fin; l'affaire n'est pas encore jugée: il faut attendre la sentence de la tardive mais équitable postérité. Toutefois, je veux bien qu'on sache que, depuis longtemps, mes ouvrages ne reconnaissent d'autre discipline que celle des anciens, des grands maîtres de ce siècle de glorieuse mémoire, où Raphaël posa les bornes éternelles et incontestables

du sublime de l'art. Je crois avoir
prouvé dans mes tableaux que
mon unique ambition est de leur
ressembler et de continuer l'art
en le reprenant où ils l'ont laissé

Je suis donc un conservateur
des bonnes doctrines, et non un
novateur. Je ne suis pas non plus,
comme le prétendent mes détracteurs, un imitateur servile des
écoles du xive et du xve siècle,
quoique je sache m'en servir avec
plus de fruit qu'ils ne savent voir.
Virgile sut trouver des perles
dans le fumier d'Ennius. Oui
dût-on m'accuser de fanatisme
pour Raphaël et son siècle, je
n'aurai jamais de modestie que
devant la nature et devant leurs
chefs-d'œuvre. (1821.)

Je compte beaucoup sur ma

vieillesse : elle me vengera. (1821.)

Il ne faut pas croire que l'amour exclusif que j'ai pour ce peintre (Raphaël) me fasse son singe : chose d'ailleurs si difficile, ou mieux, impossible. Je pense que je saurai être original en imitant. Eh! qui, dans les grands, qui n'a pas imité? On ne fait rien de rien, et c'est en se rendant les inventions des autres familières que l'on en fait de bonnes. Les hommes qui cultivent les lettres et les arts sont tous enfants d'Homère. (1821.)

Si la nature m'a doué de quelque intelligence, je m'efforce de pénétrer plus avant par toutes sortes d'études, et si je sens que je fais parfois quelques pas de plus, c'est précisément par cela même que je vois *que je ne sais rien*. Oui, depuis que plus touché du grand et de sa perfection je me trouve admis au désespérant avantage d'en mesurer l'étendue, je détruis plus que je ne fais, et je suis trop long à combiner les beaux résultats, amant surtout du vrai, ne voyant le beau que dans le vrai, ce vrai qui fait les beautés d'Homère et de Raphaël.

Avec cela, l'ignorance et les sottises du public : en voilà assez pour occuper mes plus petits moments et me faire passer de mauvaises nuits. A la vérité, tout ce mal et cette peine ressemblent au mal délicieux des amoureux, ou mieux aux souffrances

courageuses et tendres de la ma-
ternité. Un succès, un peu de
gloire, et surtout une conscience
à peu près contentée, et l'on re-
prend ses chères douleurs. (1821.)

Je serais trop heureux si les
moyens légitimes pour se faire
un nom et se donner la puissance
d'anéantir les ignorances de ce
siècle m'étaient aussi faciles que
de faire l'art comme je le fais.
(1822.)

A mon âge, on ne joue pas, je
le vois, avec les attachements,
sans en ressentir beaucoup de re-
grets. Ma transplantation subite
à Rome m'est dure, pénible. Je
savais bien que j'aimais mes
amis, mais peut-être pas à ce

point de trouver tant qu'ils me manquent...

Je suis à Rome, il est vrai, aussi bien que je puis être sous tous les rapports, au bout d'un mois à peu près de séjour : en bonne harmonie avec mon prédécesseur, mais jamais dupe, s'il y avait lieu, et allant droit de ma volonté. Excellent ambassadeur, bon secrétaire d'ambassade; considération et entière confiance de la part de mes pensionnaires, qui vivent très bien entre eux; maison très confortable et établie dans le meilleur ordre, dont ma femme, avec sa véritable capacité, fait mouvoir déjà tous les rouages, même financiers, ce qui n'est pas peu de chose pour moi. Enfin, excepté des soins et des devoirs extérieurs qui me fatiguent

plus que ma gestion, je devrais
être satisfait; je devrais être content de ma position honorable et
flatteuse, assurément, si je pouvais oublier tous ceux que j'ai
laissés et mieux supporter l'idée
de la séparation. (1835.)

Le pape Léon XII nous a rendu
vraiment de beaux services! La
divine *Vénus du Capitole* a **été**
enfermée dans un cabinet, comme les femmes de mauvaise vie
à San-Michele : il faut une per-
mission pour la voir. Il faut d'ailleurs des permissions pour tout.
Les énormes feuilles de vigne
couvrent les statues, hommes et
femmes; les lieux publics sont
barricadés de serrures; on badi-
geonne toujours, on refait Saint-
Paul à la Valadier. Enfin, de ce

côté, Rome n'est plus Rome. Les monuments vieillissent, les fresques ont des cheveux blancs que cela fait mal à voir, les processions et les cérémonies sont un peu moins belles : plus de peuple pittoresque, ni au dedans ni au dehors ; partout des manches à gigot. Tout s'abâtardit; mais, malgré cela, les têtes sont de toute beauté, les ouvrages de l'art antique toujours sublimes; le ciel, le sol, les fabriques, admirables, et, par-dessus tout, Raphaël éclatant de beauté, un être vraiment divin descendu chez les hommes : ce qui, cependant, fait qu'en somme Rome est encore supérieure à tout. Paris vient après. (1835.)

Le ministre est venu à moi
pour les travaux de la Madeleine,
et, par une lettre de sa main, il
me les a proposés. Ma réponse a
été un *non*. J'ai suivi en cela mon
sentiment naturel, pour beaucoup de raisons; d'abord parce
que je dois penser à rester mes
six ans à Rome, où, à présent, je
suis bien, et puis parce que c'eût
été une occasion de réveiller
l'envie et de me redonner des
tourments que j'ai fuis; parce
que j'ai eu de la peine à sur-
monter les ressentiments qui me
poignent encore contre tant de
gens et tant de choses. J'ai voulu
être conséquent avec moi-même
en refusant tout, comme j'ai
l'intention de le faire toujours,
parce qu'on ne devait pas me
laisser partir, parce qu'on devait

dans le principe me charger, moi le premier, de ces grands travaux...

Tout beau qu'est ce travail, on ne me l'offre qu'après que, par accident, il se trouve vacant. Certes, l'occasion était belle, car tout a servi ma passion : oh! combien ce *non* m'a été doux et sensuel à dire! (1836.)

Ces petits ouvrages (la *Stratonice* et la petite *Odalisque*), je ne les termine que par respect humain et pour tenir mes engagements. Cependant ce sont des nains dont il faut faire des géants. J'y use toute ma patience, et j'en ai beaucoup; mais telle est ma position affreuse en cela, qu'avant tout, dussé-je y passer toute ma vie, dussé-je y mourir, il faut me contenter... Jamais je ne me hasarderai à montrer, encore moins à donner à graver, une chose faite vite, pas plus que je ne voudrais faire une mauvaise action. (1836.)

On a beau me dire : Finissez-en donc, allez vite, ne recommencez pas; si mes ouvrages ont valu et valent quelque chose, c'est parce que... j'ai dû vingt fois les remettre sur le métier, les châtier avec une recherche et une sincérité extrêmes. Ce que j'ai été, donc, je le serai apparemment toute ma vie. Dois-je m'en repentir? Aux autres d'en juger. Moi je ne puis faire autrement. (1836.)

A présent que je me porte bien, Rome me possède tout entier, et la quitter avant le temps serait pour moi un désespoir. Cependant le choléra nous en chassera peut-être bientôt. Déjà des cas, de faux cas, dit-on, il est vrai, se sont produits dans le *Transtevere*... On me dira que voilà une raison pour revenir : non, je ne puis. Nous pouvons fuir Rome, mais non pas fuir à Paris. Et puis, dans cette circonstance, je suis père de famille; je dois et je veux rester à mon poste le dernier, bien entendu. (1837.)

Lorsque nous pensons à nos amis, ce qui nous arrive souvent à ma bonne femme et à moi, nous détestons notre exil. Tout beau qu'il est, c'en est un véritable. Ne pas voir ses amis, ne pas jouir de leur présence, c'est comme une demi-mort. (1837.)

La proposition m'a été faite de peindre un tableau pour Versailles. Pour ne pas retarder davantage ma réponse je dis non, parce que je suis on ne peut plus décidé à ne plus jamais rien peindre pour aucun public. (1838.)

Je suis de l'avis du bon La Fontaine : « Point de paix avec les méchants! »

On accuse à Paris mon influence, on accuse publiquement « la tendance qui se manifeste depuis quelque temps dans les travaux des pensionnaires de Rome »... Eh bien, oui, il y a influence, et je défie d'ailleurs qu'un directeur, quel qu'il soit, à moins d'être Lethière ou Thévenin, n'influe nécessairement sur le moral artiste de ses pensionnaires. Mon influence est-elle bonne? Oui, excellente; oui, comme aucune autre n'a été bonne. Mes malheureux ennemis, hypocrites et fourbes..., veulent donc que ce soient leurs mauvaises doctrines qui dominent! Ils ne peuvent guérir les blessures profondes que leur ont faites la beauté et la vérité des miennes. Eh bien, quoique je ne sois certainement pas gâté par le public, même éclairé, mais qui ne l'est pas assez pour partager entièrement mes idées, je le fais juge entre eux et moi. Il est impossible, il est, malgré tout, impossible qu'il ne finisse pas par me préférer à eux.

... Je prévois tout le reste de ma vie troublé. Voyant que les chiens chercheront toujours à me dévorer, il n'a tenu qu'à un bras qui a retenu ma plume que je ne fisse trois coups de tête... J'ai cédé pour le moment, jusqu'à ce que je me sois vengé de mes stupides détracteurs, jusqu'à ce que je les aie jetés dans une honteuse confusion. Je suis furieux. Il ne me reste, je le sais, j'en ai les preuves patentes, que bien peu d'amis parmi tant d'ânes; mais, du moins, ces amis me restent. Sans cela, je ne sais ce que je deviendrais ici, où nous sommes d'ailleurs si seuls. Nos bons nous quittent, s'en retournent, et nous avons encore deux longues années à passer avant d'aller retrouver nos amis! Et en-

core qui sait si je ne serai pas
forcé de dire un dernier adieu à
la France, mon beau pays, mais
qui devait me faire un lit plus
doux! Je m'habitue à cette mal-
heureuse pensée, dont l'accomplissement, en vérité, tient à
bien peu de chose. Ah! la médiocrité l'emportera toujours! (1838.)

Je ne vis pas ici dans le bonheur... Cependant je resterai,
malgré tout, jusqu'au dernier
jour. Je compte les moments où
je pourrai reprendre le com-
merce de la vie amicale, mais
très-retirée, que je veux mener à
Paris. Je suis désenchanté sur
tout, excepté sur la musique, la
paix intérieure, et quelques vieux
amis : peu, bien peu. (1839.)

Il n'y a pas à dire, mon œil doit tout voir faire, sans compter les difficultés des permissions à obtenir, etc. Ce pays-ci est bien changé. Rome autrefois si généreuse, si libérale en art, n'existe plus. Toutes les portes sont fermées, et l'on est humilié d'avoir à tout demander, à supplier à propos de tout. Comme cela me va, à moi! Et encore, souvent des refus. Cela enfin est si fort que je suis obligé d'adresser des réclamations et de longues plaintes à notre ambassadeur, et de me fâcher tout rouge, mais avec dignité. Il y a aussi des griefs contre l'école de Rome que je ne puis laisser passer sans en avoir raison. Voilà comme je vis, sans jamais être à moi, toujours détourné, pris à chaque instant :

tout cela, pour être bon directeur, pour bien faire mon devoir, et, au bout, pour être blâmé, et par qui! Mais j'ai quelques compensations. Mes pensionnaires me sont, s'il est possible, plus attachés que jamais. Quoi qu'il arrive, je ferai toujours de mieux en mieux, pour me venger de mes malheureux, stupides et méchants ennemis. (1839.)

Ma bonne femme me console et m'encourage à faire face au présent; mais, moi, le passé me tue, et je suis comme Oreste, déplorant la fatalité qui m'a fait subir tant de cruels désappointements, depuis près de six ans, hélas! que je suis ici. Mais je ne veux pas recommencer à parler des causes malheureuses qui, successivement, se sont liées les unes aux autres pour tout empêcher. Puis il y a des choses que j'' n'ai pu vaincre, malgré ma patience et une force de volonté dont, j'ose le dire, j'ai souvent fait preuve : je ne suis pas de bois, au contraire, je suis nerveux en diable. (1839.)

Une fois mon tableau fini (la *Stratonice*), la fièvre m'a saisi. Que le destin la patafiole et Rome aussi, dans laquelle on ne peut vivre, avec son climat, et qui n'est plus la Rome que j'ai connue autrefois. Tout y est insupportable. J'entame le premier des cinq mois de séjour qui me restent. Heureusement, j'aurai à peine le temps d'en sentir le poids par tout ce qui me reste à faire : trois tableaux à terminer, et bien d'autres choses. (1840.)

Malgré cette espèce d'apothéose vivante qui me rend véritablement si heureux, ma vie continuelle d'artiste est dans cet admirable axiome : « Connais-toi toi-même. » C'est ce que je sais faire, en ne prenant de si grandes louanges que ce qui peut véritablement m'appartenir, et en acceptant le reste comme un motif de noble émulation... Je me sers de ce reste comme d'ailes pour voler plus haut; mais je remercie la Providence qui me procure tant de succès. (1840.)

Je suis enfin sorti de cette belle Rome dont on sent surtout l'énorme prix lorsqu'on la quitte.

Comme on sent bien alors tout ce qu'elle vaut! Hélas! je n'ai pu dire adieu à Raphaël qu'en pleurant comme un enfant, à chaudes larmes : car qui sait si je reverrai jamais le Vatican? Que dire ensuite du mal ou du bien que m'a fait l'adieu si touchant et si honorable de mes amis, de mes pensionnaires, que je n'ai pu laisser sans une émotion profonde? Enfin, j'ai l'idée consolante que je vais revoir d'autres amis autant et plus chers encore à mon cœur. (1841.)

J'ai accepté de grands travaux; j'ai beaucoup accepté, mais cela m'a été si bien offert que je n'ai pu ne pas dire *oui*. Peut-être ai-je trop consenti à rompre avec ce que j'ai constamment gardé depuis six ans, ma liberté, en rentrant dans la position d'un homme public, avec toutes ses éventualités. Je ne sais, à vrai dire, si j'aurai, comme autrefois, le cœur à lutter et à combattre dans l'arène turbulente, moi qui, depuis six ans, ai goûté le bonheur de n'être rien, sinon (et cela a été quelque chose) directeur de l'Ecole de Rome. On a bien su me dénier ou m'envier le bien que j'ai fait! Mais, tout en redoutant ma nouvelle situation, les encouragements, les louanges, les hommages même que j'ai reçus ont vaincu mes anciens ressentiments, et je vais devant moi; arrive que pourra! Ce qu'il y a de sûr, c'est que ma sensibilité nerveuse ayant, s'il est possible, encore augmenté avec l'âge, il faut

que l'on me laisse tranquille; car,
si l'on me tourmentait trop, mon
parti serait bientôt pris : je ferais
vite comme le chien de Jean de
Nivelle. En attendant, je ne demande pas mieux que de servir
mon pays, que j'aime par-dessus
tout. (1841.)

Quelquefois, couronné de ma
propre approbation, je suis heureux : surtout quand je revois
longtemps après, dans le monde
où je les ai lancés, mes ouvrages,
ces enfants de mon âme qui
m'ont coûté tant de soins, tant de
sollicitudes tendres et courageuses! (1841.)

Je vis à Paris attaché comme
sur une enclume que toutes les
contrariétés de la vie d'artiste

battent à qui mieux mieux. Oui, j'enrage ici de tout ce que je vois, de tout ce que j'entends, de tout ce qui me prive de toute espèce de liberté. On m'a donc donné tout Paris à peindre!.. Et malgré cela, malgré ce qui pourrait tuer un autre, je me porte bien, à quelques infirmités près. (1846.)

On blasphème ici à qui mieux mieux, en paroles et en faits, l'homme-dieu que nous adorons, Raphaël. O le cruel pays! N'étaient mes petits dieux Lares, les objets d'art qui m'entourent et auxquels j'ai lié ma vie, je décamperais bien vite... Mais où aller? En Italie? Empestée aussi. Ah! impérieuse nécessité qui m'attache ici où je souffre, mais où j'ai à la vérité des amis que je ne pourrais quitter sans désespoir! (1851.)

J'ai été privé d'aller aux séances de la commission, assemblée très embrouillée, où personne ne s'entend qu'à défaire ce que l'on avait bien fait. Plus de grande médaille d'honneur! La commission est accouchée d'une liste de neuf, où moi, peintre de haute histoire, je suis sur le même rang que l'apôtre du laid... Aujourd'hui, dans ce moment, on est occupé à faire sanctionner, en assemblée de toutes les commissions, ces iniquités. Je ne sais en vérité ce que je dois faire. Tout ce que je sais, c'est que si je ne suis pas content de ce que l'on fera pour moi, je déserte le

monde, ma position, toute espèce
de participation aux travaux
d'art, et je me clos chez moi
pour... donner mes derniers moments à l'amour de l'art, par
l'exercice et la seule fréquentation des chefs-d'œuvre, en vivant
en paresseux laborieux. (1855.)

Je suis absorbé par mon travail, que je n'ai jamais aimé autant qu'actuellement. Plus je
vieillis, plus il devient pour moi
un besoin irrésistible.

Je me porte à merveille, et cependant, par mon grand âge, je
suis bien près de faire mon pa-
quet; mais je le veux le plus gros
et le plus beau possible, voulant
vivre dans la mémoire des hommes. (1856.)

Que faire à Paris, dans cet in-
grat pays livré à ce que l'anarchie
des arts a de plus violent, de plus
absurde, et sans espoir de retour?
Je me repose ici, au sein de ma
bonne et excellente famille; mais
les chagrins artistiques ne m'y
poursuivent pas moins, si bien
que ma vie en est profondément
troublée. Je finirai par changer
d'existence. Déjà, excepté l'honneur qui n'est pas perdu, Dieu
merci, et mon vif amour pour
l'art, excepté quelques amis précieux à mon cœur, tout le reste
m'est devenu indifférent. Je finirai par vivre éloigné de ce qui
m'est odieux et insupportable.
(1857.)

Je suis à présent si vieux moralement, je vois et j'apprécie

tellement (plus que jamais) ce que sont et ce que valent les choses, que je ne désire vivre et achever ma vie qu'avec les bonnes affections très intimes et les jouissances très personnelles... jouissances que personne ne peut m'ôter jusqu'à mon dernier soupir. Je m'affranchis ainsi de bien des ennuis en brisant avec la société, ignorante, fausse, envieuse, de mauvais goût, et surtout en évitant d'être toujours remis en question. (1858.)

On m'a fait observer, et peut-être avec justesse, que je reproduisais trop souvent mes compositions, au lieu de faire des ouvrages nouveaux. Voici ma raison : La plupart de ces œuvres, que j'aime par le sujet, m'ont paru valoir la peine que je les rendisse meilleures en les répétant ou en les retouchant, ce qui m'est arrivé souvent pour les premières que j'ai faites, entre autres pour la *Chapelle Sixtine*. Lorsque par son amour pour l'art et par ses efforts un artiste peut espérer qu'il laissera son nom à la postérité, il ne saurait assez faire pour rendre ses œuvres plus belles ou moins imparfaites. J'ai pour exemple le grand Poussin, qui a souvent répété les mêmes sujets; mais il ne faut abuser de rien. Il est aussi des ouvrages qui peuvent ne pas être redits, et, sans orgueil, je serais absurde de vouloir refaire le *Saint Symphorien*. (1859.)

On me reproche d'être exclusif, on m'accuse d'injustice pour tout ce qui n'est pas l'antique ou Raphaël. Cependant je sais aimer aussi les petits maîtres hollandais et flamands, parce qu'ils ont à leur manière exprimé la vérité et qu'ils ont réussi, même admirablement, à rendre la nature qu'ils avaient devant les yeux. Non, je ne suis pas exclusif, ou plutôt je ne le suis que contre le faux. (1859.)

Si je n'éprouvais la dure privation de mes meilleurs amis, je serais très-heureux de ma vie solitaire et studieuse, vivant de moi-même, avec des livres, un pinceau que je tiens, grâce à Dieu, encore assez bien, et de la bonne musique classique. (1860.)

Enfin, il est vrai que j'ai depuis la fin du mois dernier quatre-vings ans : c'est sérieux cela! Vous en avez quelques-uns de plus, mais ayons confiance. Malgré notre âge, nous ne sommes pas, comme tant d'autres, des imbéciles. Cet âge nous conserve notre esprit, notre tête; on ne vit que pour cela. (1860.)

Cette couronne d'or, l'eût-on faite pour l'Empereur, on n'eût pu la faire plus belle; mais ce qui m'a touché bien davantage, c'est la vue de ces deux mille signatures de toutes les classes de la société.

Voilà comment dans cette vie il y a de bons et de mauvais jours; mais ceux-ci sont bien plus nombreux. Ce que j'ai souffert, et au moment si voisin pour moi de l'inexistence, me décourage et me révolte, car il y a deux hommes en moi. L'un, encore vif, d'une sensibilité intelligente et jeune qui augmente plutòt qu'elle ne décroît, devient irascible, insupportable, et dit à ce pauvre corps délabré, infirme et souffrant : Imbécile! va donc! Pourquoi es-tu vieux? Enfin, si ma religion et les soins tendres de mon excellente Delphine n'adoucissaient mes souffrances, je serais bien malheureux malgré toutes mes auréoles, malgré une position si enviable et si glorieuse.

J'ai apporté ici (à Meung) le vrai bien de la vie, le travail, une assez grande *Vierge* à terminer sans me fatiguer trop, en m'amu-

sant à passer doucement le temps
et à profiter de ce que j'ai encore
toute la flamme de trente ans,
pour l'employer, si Dieu le permet et me fait cette grâce, à augmenter le faible contingent de
mes œuvres jusqu'au grand départ. Dieu veuille dans la postérité les rendre tant soit peu méritoires! (1863.)

Je suis de mon pays, je suis
Gaulois, mais non pas de ceux
qui ont saccagé Rome et voulu
incendier Delphes. Il y a encore
de ceux-là parmi nous. Ils ne détruisent plus, il est vrai, par les
armes; mais, dans leur petit orgueil et dans le déréglement de
leurs mesquines idées, ces petits
Gaulois d'aujourd'hui tournent
leurs efforts contre leur propre

pays en travaillant à le déposséder de l'art véritable. Cet art, ils le minent dans ses racines; comme les termites, ils en rongent la moelle jusqu'à ce qu'il finisse par crouler et qu'il se réduise en poussière. Je puis paraître acerbe et dur auprès de certains esprits, mais aux grands maux les grands remèdes. D'ailleurs je crois n'être que juste dans mes inébranlables opinions et dans ce sincère amour pour l'art que personne au moins n'osera me disputer... Qu'on me trouve singulier, intolérant, bizarre : comme mes goûts élevés font partie d'une religion, comme je puis rendre raison de la hauteur de ce que j'aime, de ce que j'adore, on comprendra, sans parler de la nécessité de mes nerfs, d'où viennent mes prétendues bizarreries et pourquoi je suis intolérant. (1864.)

Les mauvais connaisseurs, les mauvais artistes! Comme des diables sortis de dessous terre, ils bouleversent, détruisent tout et règnent; mais nous, avec notre foi, nous sommes plus forts qu'eux moralement. Comme ils sont aveugles et que nous seuls y voyons clair, ils sont encore plus malheureux que nous.(1866.)

Jusqu'à cette heure, la crainte de l'opinion ne m'a pas fait faire un seul pas en arrière; car, pour moi, c'est un point d'honneur de rester fidèle à de vieilles convictions, à des convictions que je n'abandonnerai jamais, même à la dernière heure. (1866.)

46

DE L'ART ET DU BEAU.

Il n'y a pas deux arts, il n'y en a qu'un : c'est celui qui a pour fondement le beau éternel et naturel. Ceux qui cherchent ailleurs se trompent, et de la manière la plus fatale. Qu'est-ce que veulent dire ces prétendus artistes qui prêchent la découverte du « nouveau » ? Y a-t-il rien de nouveau ? Tout est fait, tout est trouvé. Notre tâche n'est pas d'inventer, mais de continuer, et nous avons assez à faire en nous servant, à l'exemple des maîtres, de ces innombrables types que la nature nous offre constamment, en les interprétant dans toute la sincérité de notre cœur, en les ennoblissant par ce style pur et ferme sans lequel nulle œuvre n'a de beauté. Quelle absurdité que de croire que les dispositions et les facultés naturelles peuvent être compromises par l'étude, par l'imitation même des œuvres classiques! Le type original, l'homme, reste toujours là : nous n'avons qu'à le consulter pour savoir si les classiques ont eu tort ou raison, et si, en employant les mêmes moyens qu'eux, nous mentons ou nous disons vrai.

On n'a plus à découvrir les conditions, les principes du beau. Il s'agit de les appliquer sans que le désir d'inventer nous les fasse perdre de vue. La beauté pure et naturelle n'a plus besoin de surprendre par la nouveauté : c'est assez qu'elle soit la beauté. Mais l'homme est amoureux du changement, et le changement dans l'art est bien souvent la cause de la décadence.

L'étude ou la contemplation des chefs-d'œuvre de l'art ne doit servir qu'à rendre celle de la nature plus fructueuse, plus facile; elle ne doit pas tendre à la faire rejeter, la nature étant ce dont toutes les perfections émanent et tirent leur origine.

C'est dans la nature qu'on peut trouver cette beauté qui fait le grand objet de la peinture; c'est là qu'on doit la chercher, nulle part ailleurs. Il est aussi impossible de se former l'idée d'une beauté à part, d'une beauté supérieure à celle qu'offre la nature, qu'il l'est de concevoir un

sixième sens. Nous sommes obli-
gés d'établir toutes nos idées,
jusqu'à celle de l'Olympe et de
ses divins habitants, sur des objets purement terrestres. Toute
la grande étude de l'art est donc
d'apprendre à imiter ces objets.

La principale et la plus importante partie de la peinture est de
savoir ce que la nature a produit
de plus beau et de plus convenable à cet art, pour en faire le
choix suivant le goût et la manière de sentir des anciens.

On doit se rappeler que les parties qui composent la plus parfaite statue ne peuvent jamais,
chacune en particulier, surpasser
la nature, et qu'il nous est impossible d'élever nos idées au delà

des beautés de ses ouvrages. Tout ce que nous pouvons faire, c'est de parvenir à en opérer l'assemblage. A parler strictement, les statues grecques ne surpassent la nature que parce qu'on y a rassemblé toutes les belles parties que la nature réunit bien rarement dans un même sujet. L'artiste qui procède ainsi est admis dans le sanctuaire de la nature. Il jouit alors de la vue et de l'entretien des dieux; il en observe la majesté comme Phidias, il en apprend le langage pour en faire part aux mortels.

Phidias parvint au sublime en corrigeant la nature avec elle-même. A l'occasion de son *Jupiter Olympien*, il se servit de toutes les beautés naturelles réunies pour arriver à ce qu'on appelle mal à propos le beau idéal. Ce mot ne doit être conçu que comme exprimant l'association des plus beaux éléments de la nature qu'il est bien rare de trouver parfaite en ce point, la nature étant d'ailleurs telle qu'il n'y a rien au-dessus d'elle, quand elle est belle, et tous les efforts humains ne pouvant non seulement la surpasser, mais même l'égaler.

N'étudiez le beau qu'à genoux.

On n'arrive dans l'art à un résultat honorable qu'en pleurant. Qui ne souffre pas ne croit pas.

Ayez de la religion pour votre art. Ne croyez pas qu'on produise

rien de bon, d'à peu près bon
même, sans élévation dans l'âme.
Pour vous former au beau, ne
voyez que le sublime. Ne regardez ni à droite, ni à gauche, encore moins en bas. Allez la tête
levée vers les cieux, au lieu de la
courber vers la terre comme les
porcs qui cherchent dans la
boue.

L'art vit de hautes pensées et
de nobles passions. Du caractère,
de la chaleur ! On ne meurt pas
de chaud, mais on meurt de
froid.

Ce que l'on sait, il faut le savoir l'épée à la main. Ce n'est
qu'en combattant qu'on acquiert
quelque chose, et, dans l'art, le

combat, c'est la peine qu'on se donne.

Dessine, peins, imite surtout, fût-ce de la nature morte. Toute chose imitée de la nature est une œuvre, et cette imitation mène à l'art.

Les chefs-d'œuvre ne sont pas faits pour éblouir. Ils sont faits pour persuader, pour convaincre, pour entrer en nous par les pores.

Les mauvaises pratiques tuent tout : il n'y en a pas dans la nature.

Poussin avait coutume de dire que c'est en observant les choses que le peintre devient habile plutôt qu'en se fatiguant à les copier. Oui : mais il faut que le peintre ait des yeux.

Le grand point est d'être dirigé par la raison pour distinguer le vrai d'avec le faux, ce à quoi on ne peut arriver qu'en apprenant à devenir exclusif, et cela s'apprend par la fréquentation continuelle du seul beau. O le plaisant et monstrueux amour que d'aimer de la même passion Murillo et Raphaël !

En matière de vrai, j'aime mieux qu'on soit un peu au delà, quelque risque que l'on coure, car, je le sais, le vrai peut n'être pas vraisemblable. Bien souvent il ne faut pour cela que l'épaisseur d'un cheveu.

Dans les images de l'homme par l'art, le calme est la première beauté du corps, de même que dans la vie, la sagesse est la plus haute expression de l'âme.

Tâchons de plaire pour mieux imposer le vrai. Ce n'est pas avec du vinaigre qu'on prend les mouches, c'est avec du miel et du sucre.

Regardez cela (le modèle vivant) : c'est comme les anciens et les anciens sont comme cela. C'est un bronze antique. Les anciens, eux, n'ont pas corrigé leurs modèles, j'entends par là qu'ils ne les ont pas dénaturés. Si vous traduisez sincèrement ce qui est là, vous procéderez comme eux, et, comme eux vous arriverez au beau. Si vous suivez une autre marche, si vous prétendez corriger ce que vous voyez, vous n'arriverez qu'au faux, au louche ou au ridicule.

Quand vous manquez au respect que vous devez à la nature, quand vous osez l'offenser dans votre ouvrage, vous donnez un coup de pied dans le ventre de votre mère.

L'art n'est jamais à un aussi haut degré de perfection que lorsqu'il ressemble si fort à la nature qu'on peut le prendre pour la nature elle-même. L'art ne réussit jamais mieux que quand il est caché.

Aimez le vrai parce qu'il est aussi le beau, si vous savez le discerner et le sentir. Faisons-nous des yeux qui voient bien, qui voient avec sagacité : je ne demande que cela. Si vous voulez voir cette jambe laide, je sais bien qu'il y aura matière, mais je vous dirai : Prenez mes yeux, et vous la trouverez belle.

Le laid : on le pratique parce qu'on ne voit pas assez le beau.

Vous tremblez devant la nature : tremblez, mais ne doutez pas !

On est toujours beau quand on est vrai. Toutes les fautes que vous faites ne viennent pas de ce que vous n'avez pas assez de goût ou d'imagination; elles viennent de ce que vous n'avez pas mis assez de nature. Raphaël et cela (le modèle vivant) c'est synonyme. Et quel chemin Raphaël a-t-il pris? Lui-même a été modeste, lui-même, tout Raphaël qu'il était, a été soumis. Soyons donc humbles devant la nature.

La sculpture est un art sévère, rigide : aussi avait-elle été consacrée par les anciens à la religion.

Malheur à qui joue avec son art! Malheur à l'artiste qui n'a pas l'esprit sérieux!

Ne vous occupez pas d'autrui, ne vous occupez que de votre be-

sogne ; ne songez qu'à la faire de
votre mieux. Voyez la fourmi qui
porte son œuf : elle chemine sans
s'arrêter, puis, quand elle est ar-
rivée, elle se retourne pour regarder où en sont les autres.
Quand vous serez vieux, alors
vous pourrez faire de même et
comparer ce que que vous aurez
produit avec les productions de
vos rivaux. Alors, mais alors seulement, vous regarderez tout sans
danger et vous apprécierez tout à
sa juste valeur.

DU GOUT ET DE LA CRITIQUE

Quand il est sûr de marcher
dans la bonne voie, quand il suit
les traces de ceux de ses prédé-
cesseurs qui jouissent à juste
titre d'une grande célébrité, l'ar-

tiste alors peut s'armer de la hardiesse et de l'assurance qui conviennent au vrai talent. Il ne doit pas se laisser détourner du droit chemin par le blâme d'une foule ignorante. C'est lui qui a raison, c'est de lui que viennent les leçons et les exemples du goût.

Plus on est convaincu et fort, plus il faut être bienveillant envers les hésitants et les faibles. La bienveillance est une des grandes qualités du génie.

Le malheur des grands artistes, celui qui n'est connu que d'eux seuls et dont ils ne se plaignent qu'entre eux, c'est de n'être pas assez sentis. Il y a un effet total qui constate le succès; mais ces détails de la perfection, mais cette foule de traits précieux ou par tout ce qu'ils ont coûté ou parce qu'ils n'ont rien coûté du tout, voilà ce dont quelques connaisseurs jouissent seuls et dans le secret, ce que les applaudissements publics ne disent pas, ce que l'envie dissimule toujours, ce que l'ignorance ne peut jamais entendre et ce qui, s'il était bien connu, serait la première récompense des vrais talents.

« Il ne s'est presque jamais rien fait de grand dans le monde que par le génie et la fermeté d'un seul homme qui lutte contre les préjugés de la multitude ou qui lui en donne. » (Voltaire.) — Oui, si le génie est bon, tant mieux; mais s'il est mauvais, comme a été le sien, où cela conduit-il? A la barbarie, au désaveu absurde de ce qui est à jamais le beau, le vrai, au desséchement de l'âme et du cœur, au rien, au vide, au calme affreux d'une terre inhabitée.

Le temps fait justice de tout. Des ouvrages absurdes ont pu surprendre, tromper un siècle par des traits faux, mais éblouissants, parce qu'en général les hommes jugent rarement par eux-mêmes, parce qu'ils suivent le torrent et que le goût pur est presque aussi rare que le talent. Le goût! Il consiste moins encore à apprécier le bien là où il se montre, qu'à le reconnaître sous l'épaisseur des défauts qui le cachent. Les commencements informes de certains arts ont quel-

quefois au fond plus de perfection que l'art perfectionné.

Il y a plus d'analogie qu'on ne
pense entre le bon goût et les
bonnes mœurs. Le bon goût est
un sentiment exquis des conve-
nances que donne un heureux
naturel et que développe une
éducation libérale.

Ce n'est guère que le bas style
dans les arts, tant en peinture
qu'en poésie et en musique, qui
plaît naturellement à la multitude. Les plus sublimes efforts
de l'art n'affectent point les esprits incultes. Un goût fin et dé-
licat est le fruit de l'éducation et
de l'expérience. Nous recevons
seulement en naissant la faculté
de nous donner ce goût et de le

cultiver, ainsi que nous naissons avec la disposition de recevoir les lois de la société ou de nous conformer à ses usages. C'est jusqu'à ce point, mais pas plus loin, qu'on peut dire que le goût nous est naturel.

Le peuple ignorant montre aussi peu de goût dans ses jugements sur l'effet ou sur le caractère d'un tableau qu'en face des objets animés. Dans la vie, il s'extasiera devant la violence ou l'emphase; dans l'art, il préférera toujours des attitudes forcées ou guindées et des couleurs brillantes à une noble simplicité, à une grandeur tranquille, telles que nous les voyons représentées dans les tableaux des anciens.

Peut-on jamais assez aimer, assez admirer le beau suprême? Quelle fleur, entre les plus belles fleurs, peut égaler la rose, et parmi les oiseaux du firmament, quel est celui que l'on pourrait comparer à l'aigle de Jupiter? De même est-il rien de comparable aux œuvres d'Homère, à une statue de Phidias, à un tableau de Raphaël, à une tragédie lyrique de Gluck, à un quatuor ou à une sonate d'Haydn? Est-il rien de plus beau, de plus divin et, par conséquent, de plus digne d'amour?

La louange pâle d'une belle chose est une offense.

Il faut continuellement former son goût sur les chefs-d'œuvre de l'art : c'est perdre son temps que de s'occuper à d'autres recherches. On peut jeter les yeux sur les beautés inférieures, mais non les étudier, encore moins les imiter.

Quand les anciens voyageaient, quand ils allaient à la campagne, ils emportaient toujours avec eux des objets d'art, des tableaux, des petits bronzes. L'empereur Tibère voyageait invariablement avec un tableau de Zeuxis ou d'Apelles représentant un prêtre de Cybèle. Nous, quand nous sommes hors des lieux où nous vivons d'ordinaire, ayons toujours sous les yeux nos gravures, nos croquis d'après les maîtres pour entretenir notre goût, pour nous aider à comprendre les choses nouvelles ou pour nous prémunir contre les séductions.

Il est naturel de voir ses amis en beau, excepté cependant lorsqu'ils tombent dans le faux. Alors il est de la vraie amitié, de la charité (car celle-ci n'est pas seulement de donner dans la main), d'assister, de fortifier, **de** redresser l'âme et le cœur **par** des conseils éclairés et sincères sur tout ce qui est bon, beau et profitable. La louange d'un fat ou d'un ignorant, bien loin de nous encourager, doit au contraire nous donner l'éveil de quelque **faute.**

Pour tirer du fruit de la critique de nos amis, il est bien nécessaire que nous sachions, par la connaissance de leur caractère, de leur goût, de leurs habitudes d'esprit, distinguer jusqu'à quel point leurs observations peuvent avoir leur raison d'être.

La même sagacité qui fait qu'un homme excelle dans son art doit l'amener à faire un usage convenable du jugement des savants et des gens ineptes.

Pour être un bon critique du grand art et du grand style, il faut être doué du même goût épuré qui a guidé l'artiste et présidé à la confection de son œuvre.

Il y a peu de personnes, soit instruites, soit même ignorantes,

qui, si elles disaient librement
leurs pensées sur les ouvrages des
artistes, ne pourraient pas leur
être utiles. Les seules opinions
dont on ne peut tirer aucun fruit
sont celles des demi-connais-
seurs.

DU DESSIN

Le dessin est la probité de l'art.

Dessiner ne veut pas dire simplement reproduire des contours;
le dessin ne consiste pas simplement dans le trait : le dessin c'est
encore l'expression, la forme
intérieure, le plan, le modelé.
Voyez ce qui reste après cela! Le
dessin comprend les trois quarts
et demi de ce qui constitue la
peinture. Si j'avais à mettre une

enseigne au-dessus de ma porte,
j'écrirais : *Ecole de dessin*, et je
suis sûr que je ferais des peintres.

Le dessin comprend tout,
excepté la teinte.

Il faut toujours dessiner, dessiner des yeux quand on ne peut
dessiner avec le crayon. Tant que
vous ne ferez pas marcher l'ins-
pection avec la pratique, vous ne
ferez rien de vraiment bon.

Le peintre qui se fie à son com-
pas s'appuie sur un fantôme.

Qu'on ne passe pas un seul
jour sans tracer une ligne, disait
Apelles. Il voulait dire par là, et
je vous répète, moi : la ligne,
c'est le dessin, c'est tout.

Si je pouvais vous rendre tous musiciens, vous y gagneriez comme peintres. Tout est harmonie dans la nature : un peu trop, un peu moins dérange la gamme et fait une note fausse. Il faut arriver à chanter juste avec le crayon ou le pinceau aussi bien qu'avec la voix; la justesse des formes est comme la justesse des sons.

En étudiant la nature, n'ayez d'yeux d'abord que pour l'ensemble. Interrogez-le et n'interrogez que lui. Les détails sont des petits importants qu'il faut mettre à la raison. La forme large et encore large ! La forme : elle est le fondement et la condition de tout; la fumée même doit s'exprimer par le trait.

Voyez dans le modèle les rapports des grandeurs; c'est là tout le caractère. Soyez-en frappé vivement, et, vivement aussi, rendez ces grandeurs relatives. Si, au lieu de suivre cette méthode, vous tâtonnez, si vous cherchez sur le papier, vous ne ferez rien qui vaille. Ayez tout entière dans les yeux, dans l'esprit, la figure que vous voulez représenter, et que l'exécution ne soit que l'accomplissement de cette image possédée déjà et préconçue.

En traçant une figure, attachez-vous avant tout à en déterminer, à en bien caractériser le mouvement. Je ne saurais trop vous le répéter, le mouvement, c'est la vie.

Ne plaignons ni notre temps ni
nos peines pour arriver à la pureté de l'expression, à la perfection du style. Servons-nous, pour
nous corriger sans cesse, même
de la facilité que nous pouvons
avoir. Malherbe, dit-on, travaillait avec une lenteur prodigieuse:
oui, parce qu'il travaillait pour
l'immortalité.

Il faut faire disparaître les traces de la facilité; ce sont les résultats et non les moyens em-
ployés qui doivent paraître. La
facilité : il faut en user en la
méprisant; mais, malgré cela,
quand on en a pour cent mille
francs, il faut encore s'en donner pour deux sous.

74

Plus les lignes et les formes sont simples, plus il y a de beauté et de force. Toutes les fois que vous partagez les formes, vous les affaiblissez. Il en est de cela comme du fractionnement en toutes choses.

Pourquoi ne fait-on pas du grand caractère? Parce qu'au lieu d'une grande forme, on en fait trois petites.

Quand les grandes lignes avant tout ne sont pas dans le caractère, nous n'arrivons à produire que des ressemblances douteuses.

Dans la construction d'une figure, ne procédez point par morceaux. Conduisez tout en même temps, et, comme on dit fort bien, dessinez « l'ensemble ».

Il ne faut pas essayer d'apprendre à faire le beau caractère: il faut le trouver dans son modèle.

Les belles formes, ce sont des plans droits avec des rondeurs. Les belles formes sont celles qui ont de la fermeté et de la plénitude, où les détails ne compromettent pas l'aspect des grandes masses.

Il faut donner de la santé à la forme.

L'achevé de la forme se trouve en finissant. Il y en a qui se contentent, dans le dessin, du sen-

timent; le sentiment une fois
exprimé, cela leur suffit. Raphaël
et Léonard de Vinci sont là pour
prouver que le sentiment et la
précision peuvent s'allier.

Les grands peintres, comme
Raphaël et Michel-Ange, ont in-
sisté sur le trait en finissant. Ils
l'ont redit avec un pinceau fin,
ils ont ainsi ranimé le contour ;
ils ont imprimé à leur dessin le
nerf et la rage.

Nous ne procédons pas maté-
riellement comme les sculpteurs,
mais nous devons faire de la
peinture sculpturale.

Un peintre a grand'raison de
se préoccuper de la finesse, mais
il doit y joindre la force, qui ne

l'exclut pas, tant s'en faut. Toute la peinture est dans le dessin fort et fin à la fois. Elle n'est que là, quoi qu'on en dise, dans un dessin ferme, fier, caractérisé, même s'il s'agit d'un tableau qui doit impressionner par la grâce. La grâce seule ne suffit pas, le dessin châtié non plus. Il faut davantage : il faut que le dessin amplifie, il faut qu'il enveloppe.

Il y a toujours du bien, quels que puissent être d'ailleurs les défauts, dans une œuvre où la tête a commandé à la main. Il faut qu'on sente cela, même dans les essais d'un débutant. L'habileté de la main s'acquiert par l'expérience; mais la rectitude du sentiment, de l'intelligence, voilà ce qui peut se montrer tout d'abord, et voilà aussi, dans une certaine mesure, ce qui tient lieu du reste.

Dessinez purement, mais avec largeur. Pur et large : voilà le dessin, voilà l'art.

Dessinez longtemps avant de songer à peindre. Quand on construit sur un solide fondement, on dort tranquille.

L'expression en peinture exige une très grande science du dessin; car l'expression ne peut être bonne si elle n'a été formulée avec une justesse absolue. Ne la saisir qu'à peu près, c'est la manquer; c'est ne représenter que des gens faux qui s'étudieraient à contrefaire des sentiments qu'ils n'éprouvent pas. On ne peut parvenir à cette extrême précision que par le plus sûr talent dans le dessin. Aussi les peintres d'expression, parmi les modernes, ont-ils été les plus grands dessinateurs. Voyez Raphaël !

L'expression, partie essentielle de l'art, est donc intimement liée à la forme. La perfection du coloris y est si peu requise que les peintres d'expression excellents n'ont pas eu, comme coloristes, la même supériorité. Les en blâmer, c'est ne pas connaître assez les arts. On ne peut demander au même homme des qualités contradictoires. D'ailleurs la promptitude d'exécution dont la couleur a besoin pour conserver tout son prestige ne s'accorde pas avec l'étude profonde qu'exige la grande pureté des formes.

Toutes les religieuses paraissent belles, et je suis sûr par expérience qu'il n'y a point d'ornement artificiel ou de parure étudiée qui puisse causer la moitié de l'impression que produit le simple et modeste habit d'une religieuse ou d'un moine. J'ai souvent aussi remarqué, j'ai souvent admiré dans les églises les sentiments d'affection et d'amour qui animent les visages des personnes pieuses. La dévotion qu'elles ressentent devant les madones ou devant les saints préférés doit être extrêmement satisfaisante pour le cœur. J'avoue que j'envie leur état. Je maudis au fond de moi-même cette philosophie qui, avec toute sa froideur et ses triomphes insipides, nous laisse dans une espèce d'apathie stoïque et anéantit en nous les plus douces émotions.

En tout cas, quelles ressources pour l'art que l'étude et l'imitation de ces dehors de la paix et de la sérénité intérieures ! Il y a là à la fois une consolation à donner à l'âme, un exemple fortifiant à lui offrir, et, au point de vue du beau, un admirable spectacle à fournir au regard.

Dans un tableau, il faut que la lumière tombe quelque part avec force et que l'attention du spectateur soit attirée sur ce point. Il en est de même dans une figure où l'effet doit rayonner d'un point central; c'est ce qui fait les dégradations. Pour la forme, il faut aussi qu'un grand morceau dominant tout le reste s'empare d'abord du regard; c'est là un des éléments principaux du caractère dans le dessin.

Pour arriver à la belle forme, il ne faut pas procéder par un modelé carré ou anguleux; il faut modeler rond, et sans détails intérieurs apparents.

Lorsqu'on a une seule figure dans son tableau, il faut la modeler en ronde-bosse et en chercher ainsi l'effet pittoresque.

Ayez toujours un carnet en poche et notez en quatre coups de crayon les objets qui vous frappent, si vous n'avez pas le temps de les indiquer entièrement. Mais si vous avez le loisir de faire un croquis plus précis, emparez-vous du modèle avec amour, envisagez-le et reproduisez-le sous toutes les formes, de manière à le loger dans votre tête, à l'y incruster comme votre propriété.

Je tiens à ce que l'on connaisse bien le squelette, parce que les os forment la charpente même du corps dont ils déterminent les longueurs, et qu'ils sont pour le dessin des points continuels de repère. Je tiens moins à la connaissance anatomique des muscles. Trop de science en pareil cas nuit à la sincérité du dessin et peut détourner de l'expression caractéristique pour conduire à une image banale de la forme. Il faut cependant se rendre compte de l'ordre et de la disposition relative des muscles, afin d'éviter, de ce côté aussi, les fautes de construction.

Ils sont tous mes amis, ces muscles : mais je ne sais aucun d'eux par son nom.

Jamais les contours extérieurs ne creusent. Au contraire, ils bombent, ils font le panier d'osier.

On appelle types de beauté les résultats des observations fréquentes qu'on a faites sur de beaux modèles. Un cou large, par exemple, se rencontre quinze fois sur vingt chez les hommes bien

faits; on peut par conséquent le
regarder comme une des conditions de la beauté. Cependant, si
votre modèle a un cou mince, ne
lui en faites pas un gros; mais
gardez-vous d'en exagérer la peti-
tesse. Pour exprimer le caractère,
une certaine exagération est per-
mise, nécessaire même quelquefois, mais surtout là où il s'agit
de dégager et de faire saillir un
élément du beau.

L'homme porte généralement
la tête en arrière du corps, la poi-
trine en avant; c'est une attitude
noble, c'est la vraie attitude.
Hormis dans les cas de mouvement, la tête en avant déshonore
la figure humaine; elle exprime
l'abattement, la lassitude ou
l'ivresse.

Modèle de jeune homme robuste, de jeune athlète non encore formé : les pectoraux courts, ainsi que le torse, les bras forts en haut, mais minces aux attaches, les jambes de même : signe de force et d'agilité.

Vous ne verrez jamais un Hercule avec la partie inférieure lourde et forte.

La longueur du torse chez les hommes, grands ou petits, varie peu. Aussi un torse grand relativement aux jambes indique un petit homme, et, réciproquement, un petit torse accuse la longueur générale de l'individu.

Jamais la tête et le cou ne s'enfilent : ils forment toujours deux lignes discontinues.

Dans une tête, la première chose à faire pour l'artiste c'est de faire parler les yeux, sauf à n'en indiquer que la masse. On lui poche d'abord les yeux : ensuite on passe à la saillie du nez.

La narine tombante est un beau moyen d'expression : elle indique la tranquillité.

L'aile de la narine tracée fort légèrement est une beauté; la narine bien prise avec la joue, c'est aussi un élément de beauté.

La moustache doit laisser la joue pleinement découverte. Voyez le *Jupiter*.

Le bras commande toujours à l'avant-bras: il est le plus fort.

88

Il n'y a que chez les vieux, chez les décrépits, que l'exception se rencontre.

Raphaël dessinait ses draperies d'après les élèves qui travaillaient sous lui, parce que, naturellement, ils savaient mieux que d'autres personnes s'accommoder d'une manière qui fît paraître de beaux plis.

Il faut suivre cet exemple à la lettre et bannir les mannequins, excepté pour les portraits, et encore seulement pour ces affiquets de femme qui demandent un fini détaillé.

Donc, pas de mannequin. Une fois un beau motif de draperie trouvé, il faut l'adapter à la nature, revêtir le modèle de cette draperie préconçue, et saisir sur lui le mouvement des plis et l'indication des détails.

DE LA COULEUR, DU TON ET DE L'EFFET

La couleur ajoute des ornements à la peinture; mais elle n'en est que la dame d'atour, puisqu'elle ne fait que rendre plus aimables les véritables perfections de l'art.

Il est sans exemple qu'un grand dessinateur n'ait pas eu le coloris qui convenait exactement aux caractères de son dessin. Aux yeux de beaucoup de personnes, Raphaël n'a pas coloré; il n'a pas coloré comme Rubens et Van

Dyck : parbleu, je le crois bien!
il s'en serait bien gardé.

Rubens et Van Dyck peuvent
plaire au regard, mais ils le trompent; ils sont d'une mauvaise
école coloriste, de l'école du men-
songe. Titien, voilà la couleur
vraie, voilà la nature sans exagération, sans éclat forcé ! c'est
juste.

Point de couleur trop ardente;
c'est antihistorique. Tombez plutôt dans le gris que dans l'ardent,
si vous ne pouvez faire juste, si
vous ne pouvez trouver le ton
tout à fait vrai.

Le ton *historique* laisse l'esprit
tranquille. Pas plus d'ambition
en cela qu'en autre chose.

Les parties essentielles du coloris ne sont pas dans l'ensemble des masses claires ou noires du tableau; elles sont plutôt dans la distinction particulière du ton de chaque objet. Par exemple, mettre un beau et brillant linge blanc sur un corps brun, olivâtre, et surtout faire discerner une couleur blonde d'une couleur froide, une couleur d'accident de celle des figures colorées par leurs teintes locales. Cette réflexion m'a été inspirée par le hasard, qui me fit voir sur la cuisse de mon *OEdipe* aperçu dans un miroir, une draperie blanche, si éclatante, si belle, à côté de cette couleur de chair chaude et dorée !

Les peintres se méprennent beaucoup lorsqu'ils emploient inconsidérément dans leurs tableaux trop de blanc, qu'il faut ensuite baisser et éteindre. Le blanc doit être réservé pour ces occasions de lumière, pour ces éclats qui déterminent l'effet du tableau. Titien disait qu'il serait à souhaiter que le blanc fût aussi cher que l'outremer, et Zeuxis, qui était le Titien des peintres de l'antiquité, reprenait ceux qui ignoraient combien l'excès en pareil cas est préjudiciable. Rien n'est blanc dans les corps animés, rien n'est positivement blanc; tout est relatif. A côté de ces femmes éclatantes de blancheur, mettez une feuille de papier !

Il est indubitable que l'on ne peut obtenir beaucoup d'ampleur et de chaleur dans les teintes, enfin peindre doré et gras comme les Vénitiens, sans employer comme eux des toiles à grosse impression. La preuve en est l'effet contraire produit par les portraits et les tableaux de certains peintres, Allori entre autres, qui ont peint très uni et très fini sur des enduits lisses.

Le moyen de peindre à la vénitienne me fut révélé par une esquisse de M. Lewis, peintre anglais. Cette esquisse avait été faite d'après le beau Titien de notre Musée : *Jésus porté au tombeau.* L'artiste, pour arriver à imiter le maître, a peint sur une toile sans autre impression qu'une légère

94

teinte à la colle, comme il paraît que tous les peintres en ont usé, et, le plus souvent, en étendant cette teinte sur du coutil. Il a reconnu que, pour obtenir de la transparence et une belle chaleur de ton, il fallait tout glacer; par conséquent, peindre tous les dessous en gris plus ou moins coloré, en espèce de camaïeu monochrome :

1° Les chairs vierges en gris-violet très léger, les chairs brunes en gris plus fort, les cheveux de même.

2° Les draperies vertes en jaune, les bleues en blanc, ainsi que les rouges et les ciels.

Il faut en général peindre dur, heurté, et franchement. On peut ébaucher très légèrement, toujours dans cette même pratique;

mais, à la seconde fois, il faut heurter et beaucoup empâter.

Il faut que le tableau ainsi préparé exprime, malgré sa monotonie, un sentiment de couleur. On doit le laisser sécher au moins un grand mois avant de le reprendre pour l'achever, et alors peindre tout en glacis, excepté les linges blancs.

On ne peut mieux imiter les beaux procédés de couleur des anciens peintres italiens qu'en usant des glacis. Beaucoup de draperies peintes blanches ont été glacées en couleur. C'est, je crois, le moyen qu'ont presque toujours employé Titien, Andrea del Sarto et Fra Bartolommeo.

La *Fornarina*, de la tribune de Florence : exemple admirable de l'emploi des glacis.

Il est beau de noircir les paupières des vieillards : voyez le *Jules II* de Raphaël ! Il est beau de décolorer les paupières des yeux des femmes. Observation sur la nature.

Le blanc de l'œil a une partie plus claire qu'il est essentiel d'indiquer vivement : c'est celle qui avoisine la prunelle.

Il faut consulter les fleurs pour trouver de beaux tons de draperies.

Le violet chaud et le gris de lin tirant sur le vert d'eau font bien, brodés ensuite de grandes grecques blanches.

Les draperies doublées d'une couleur différente font un bel effet. La preuve existe dans les ouvrages de la Renaissance. — Chose à mettre habituellement en pratique.

Tons de draperies convenables à un bel effet de figures : dans la fresque de *Saint Joseph* par le Baroche, la Vierge, justaucorps rouge-brun avec un peu de laque, mais très sourd, manteau bleu outremer. Figure du *Fouetteur* du chevalier d'Arpin : homme très brun, noir, culotte claire, jaune, et prenant toute la lumière. Faire beaucoup de notes pareilles, surtout d'après Titien.

Pour l'effet, il faut voir son tableau dans l'endroit le plus sombre de l'atelier. Les anciens sculpteurs plaçaient leurs figures dans des caves pour mieux juger des masses.

Se faire une petite chambre à la Poussin : indispensable pour les effets.

La lumière est comme l'eau; elle se fait, bon gré, mal gré, sa place, et prend à l'instant son niveau.

Dans un tableau, la lumière doit tomber et se concentrer sur une partie avec plus de force que les autres, de manière que le regard y soit attiré tout d'abord et s'y porte. De même dans une figure : de là les dégradations.

Il ne faut point, dans une ombre de contour, mettre la teinte à côté du trait; il faut la mettre sur le trait.

Les reflets étroits dans l'ombre, les reflets longeant les contours, sont indignes de la majesté de l'art.

La qualité de « détacher » les objets en peinture (ce que beaucoup de gens regardent comme une chose si importante), n'était pas une de celles sur lesquelles Titien, d'ailleurs le plus grand coloriste de tous, avait principalement fixé son attention. Ce sont des peintres d'un talent inférieur qui ont fait consister en cela le mérite essentiel de la peinture, ainsi que le croient encore ces troupeaux d'amateurs, inévitablement satisfaits et charmés quand ils voient dans un tableau une figure autour de laquelle, disent-ils, « il semble qu'on puisse tourner ».

Quelquefois, les petits tableaux flamands et hollandais eux-mêmes sont, dans leurs dimensions restreintes, d'excellents modèles pour la couleur et l'effet d'un tableau d'histoire. On peut, à cet égard, leur demander des enseignements et les noter comme des exemples.

DE L'ÉTUDE DE L'ANTIQUE ET DES MAITRES

Le doute même est un blâme touchant les merveilles des anciens.

Prétendre se passer de l'étude des antiques et des classiques, ou c'est folie, ou c'est paresse. Oui, l'art anticlassique, si tant est que ce soit un art, n'est qu'un art de paresseux. C'est la doctrine de ceux qui veulent produire sans avoir travaillé, savoir sans avoir appris; c'est un art sans foi comme sans discipline, s'aventurant privé de lumière dans les ténèbres, et demandant au seul hasard de le conduire là où l'on ne peut avancer qu'à force de courage, d'expérience et de réflexion.

Les anciens n'étaient si supérieurs à nous que parce que leur manière de voir était aussi sensée que puissante, et aussi sincère que belle. Ce principe chez eux ne se perdit jamais; ils l'appliquaient à tout, ils en avaient fait une habitude en toutes choses. Aussi admirons-nous des ruines de leur art ou de leur industrie jusqu'aux moindres détails, jusqu'à des poteries communes qu'ils méprisaient sans doute, et dont les beaux contours nous enchantent encore.

C'est cette manière de voir que nous avons à reconquérir. Le fil est rompu; il a été rattaché un instant pendant la renaissance des arts en Italie; de nouveaux siècles de barbarie l'ont rompu encore : il faut tâcher de le renouer.

C'est par les débris des ouvrages des anciens que les arts ont repris naissance chez les modernes; c'est par les moyens qu'ils employaient eux-mêmes qu'il faut chercher à faire revivre les anciens parmi nous, en les continuant.

Il faut copier la nature toujours et apprendre à la bien voir. C'est pour cela qu'il est nécessaire d'étudier les antiques et les maîtres, non pour les imiter, mais, encore une fois, pour apprendre à voir.

Croyez-vous que je vous envoie au Louvre pour y trouver ce qu'on est convenu d'appeler « le beau idéal », quelque chose d'autre que ce qui est dans la nature? Ce sont de pareilles sottises qui, aux mauvaises époques, ont amené la décadence de l'art. Je vous envoie là parce que vous apprendrez des antiques à voir la nature, parce qu'ils sont eux-mêmes la nature : aussi il faut vivre d'eux, il faut en manger. De même pour les peintures des grands siècles. Croyez-vous qu'en vous ordonnant de les copier, je veuille faire de vous des copistes? Non, je veux que vous preniez le suc de la plante.

Adressez-vous donc aux maîtres, parlez-leur, ils vous répondront, car ils sont encore vivants. Ce sont eux qui vous instruiront; moi, je ne suis que leur répétiteur.

Je n'ai que le petit mérite de connaître le chemin qu'il faut suivre pour arriver, et je vous l'indique. Voilà notre but : c'est d'approcher de cela (l'antique); car qu'est-ce que cela? c'est la nature, c'est la connaissance intime et l'expression achevée, philosophique, de la beauté et de la forme.

Les Grecs ont tellement excellé en sculpture, en architecture, en poésie, en tout ce qu'ils ont touché, que le mot grec est devenu le synonyme du mot beau. Il n'y a qu'eux d'absolument vrais, d'absolument beaux, parce qu'ils ont vu, reconnu et rendu. Vous les avez vus ces maîtres : ils ne boudent pas, eux, c'est tel quel, c'est ça! Les Romains les ont imités, et ils sont encore admirables ; mais nous, nous sommes Gaulois, nous sommes barbares, et ce n'est qu'en nous efforçant de nous rapprocher des Grecs, ce n'est qu'en procédant comme eux que nous pouvons mériter et obtenir le nom d'artistes.

Il n'y a point de scrupule à copier les anciens. Leurs productions sont un trésor commun où chacun peut prendre ce qui lui plaît. Elles nous deviennent propres, quand nous savons nous en servir : Raphaël, en imitant sans cesse, fut toujours lui-même.

Si l'on consulte l'expérience, on trouvera que c'est en se rendant familières les inventions des autres qu'on apprend, dans l'art, à inventer soi-même, comme on s'habitue à penser en lisant les idées d'autrui. Ce n'est donc qu'en observant, en étudiant incessamment les chefs-d'œuvre, que nous pouvons vivifier nos propres moyens et leur donner du développement.

Monsieur, vous savez tout ce que l'on peut apprendre par soi-même; mais tant que vous n'aurez pas consulté les anciens, vous ne réussirez pas à rendre ce modèle tel qu'il est. Il n'y a qu'eux qui vous l'apprendront. Avec toute votre bonne organisation, vous resteriez devant la nature votre vie entière, que vous ne parviendriez pas à la traduire en esprit et en vérité.

Celui qui ne voudra mettre à contribution aucun autre esprit que le sien même se trouvera bientôt réduit à la plus misérable de toutes les imitations, c'est-à-dire à celle de ses propres ouvrages.

Un habile peintre qui ne courra pas le risque d'être corrompu, saura se servir avec avantage même de certains exemples vicieux. Il tirera parti des choses les plus médiocres, qui, en passant par ses mains, acquerront de la perfection. Il trouvera dans les essais grossiers de l'art avant son renouvellement des idées originales, des combinaisons heureuses, et, qui plus est, quelquefois des inventions sublimes.

Toutes les fois que j'ai été me rassasier de la vue des compositions peintes sur les vases antiques, je suis sorti plus que jamais persuadé que c'est d'après ces exemples qu'il faut qu'un peintre travaille, que c'est là ce qu'il doit imiter lorsqu'il peint des sujets grecs. Il ne peut faire des grecs qu'en les imitant, en les suivant pas à pas. Bien plus : il peut, sans être un froid plagiaire, prendre aux peintures des vases des compositions entières et les traduire sur une toile. Il y a encore du génie à savoir ainsi recréer par la perfection des couleurs, par cet achevé de la nature que donnera l'étude, — de la nature si bien indiquée déjà, mais cependant à demi exprimée seulement dans ces simples traits.

Les exemples d'autrui, loin d'affaiblir notre imagination et notre jugement, ainsi que beaucoup de gens le pensent, servent au contraire à rassurer, à consolider nos idées de la perfection, qui, dans l'origine, sont faibles, informes et confuses. Elles deviennent solides, parfaites et claires, par l'autorité et la pratique de ceux dont on peut dire que l'approbation des siècles a consacré les ouvrages.

Que sont, comparées aux parties qui font la gloire des anciens, celles qui causent l'orgueil des modernes? Pompeuses ordonnances, flatteries du coloris, balancement des masses, enchaînement des groupes, et tant d'autres coquetterie***s*** de métier qui ne disent rien à l'âme. C'est à l'âme que les anciens voulaient parler; c'est elle que Raphaël, Michel - Ange et les autres croyaient seule digne de recevoir les hommages de l'art. En revanche, c'est elle qu'ont généralement négligée les peintres grands coloristes, grands *machinistes*, tous ceux enfin qui ont particulièrement excellé dans ces moyens pittoresques que tant de modernes se sont plu à célébrer comme des progrès, et à propos desquels ils ont osé s'adjuger à eux-mêmes le prix qu'ils refusaient à l'antiquité.

On peut dire, sans nuire certes à la gloire des anciens, qu'en général, ils n'ont pas su, comme les modernes, multiplier les plans dans leurs tableaux, observer les dégradations qu'exigent ces plans successifs, lier les figures aux figures ou les groupes aux groupes, captiver le regard par les prestiges d'une couleur qui n'est pas celle de la nature, et qui se fait prendre pour elle. Oui, ils ont négligé ou peu connu ces choses, parce qu'ils les regardaient comme des distractions du beau qu'ils avaient en vue, parce qu'ils pensaient que ces parties secondaires de l'art n'auraient fait que détourner les spectateurs, comme eux-mêmes, de celles qui méritent tous les soins.

Homère est le principe et le modèle de toute beauté, dans les arts comme dans les lettres.

Depuis deux siècles, notre théâtre n'a plus de rival, et, quoi qu'en disent les romantiques d'outre-mer ou d'outre-Rhin, il faudra bien qu'on finisse par convenir que la scène sur laquelle on représente les chefs-d'œuvre de Corneille, de Molière et de Racine est préférable à celles où se jouent les monstruosités de Shakspeare et d'Otway, les romans dialogués de Schiller et les rapsodies de Kotzebue. Le théâtre est une grande partie de notre gloire nationale, et le plus sûr peut-être de nos titres littéraires. Pourquoi? Parce que là, plus qu'ailleurs, on s'est souvenu d'Homère et des grands exemples antiques; parce que là, plus qu'ailleurs, on a mis en pratique

114

le principe de l'imitation fidèle et raisonnée des anciens.

On a dit en parlant de Racine et des autres : ces grands hommes savaient à fond le grec, et c'est en se nourrissant des chefs-d'œuvre de l'antiquité qu'ils ont fini par surpasser les anciens. — Quelle stupidité, quelle audace ! Ces grands hommes, cela va sans dire, étaient bien plus justes et bien plus modestes. Voyez les préfaces de Racine, l'humilité de notre grand Poussin et l'opinion de la Fontaine, lorsqu'il a écrit à je ne sais quel abbé : « Qui de nous peut se croire l'égal des Grecs et des Romains ? »

Mme Dacier connaissait mieux le grec que l'esprit de son siècle. Son apparition renouvela la stupide et honteuse querelle intentée contre les anciens et soulevée cette fois par un Lamotte : lutte du bon goût contre l'ignorance et la mauvaise foi, qui se termina par le triomphe des anciens. Mais cette victoire fut paralysée; le coup était porté, il devait être mortel pour tous les genres de beau. Un adversaire plus redoutable qu'aucun autre par sa popularité, un homme aussi sceptique en science qu'en haute religion, Voltaire, par ses sarcasmes, porta au beau les dernières atteintes. Bientôt la langue grecque et les lettres grecques furent réduites à se réfugier dans les *in quarto* de l'Académie des

Inscriptions. C'est depuis cette époque que le sceptre de la philologie est sorti des mains françaises pour n'y rentrer peut-être jamais.

Et cependant, la langue française est, selon l'opinion des savants, celle qui se rapproche le plus du grec, c'est-à-dire de la langue la plus parfaite qu'aient jamais parlée les hommes. La langue française, disent-ils, est sans aucune comparaison la plus belle des langues modernes; peu s'en faut même qu'ils ne lui donnent la préférence sur le latin, qui n'a pas, à leur avis, assez d'euphonie et de clarté. Ils ne manquent pas de raisons pour repousser les objections qu'on fait sur cette quantité d'auxiliaires et de petits mots qui embarrassent notre langue et garrottent la pensée dans les difficultés d'une phrase à construire. Voici leur proposition : la langue la meilleure est celle qui réunit au plus haut degré la clarté, la variété et l'élégance. Or, la langue française est la plus claire; il n'y a qu'une opinion là-dessus. Elle est la plus variée, car elle se prête également à toutes les formes de style, à toutes les espèces de composition en prose et en vers dont elle offre des modèles achevés dans tous les genres. Enfin, elle est la plus élégante, car elle est, dans toute l'Europe, la langue de la bonne compagnie.

Ne résulte-t-il pas de là que, puisque notre langue est celle qui se rapproche le plus du grec,

118

on la parlera et on l'écrira d'autant mieux qu'on aura étudié la littérature grecque de plus près et avec plus de zèle? C'était l'avis de Boileau, qui s'y entendait. Donc, dans les lettres comme dans les arts, il n'y a de salut que pour ceux qui, les yeux toujours fixés sur l'antiquité, lui demanderont pieusement de les guider et de les instruire.

Qu'on ne me parle plus de cette maxime absurde : « Il faut du nouveau, il faut suivre son siècle, tout change, tout est changé. » Sophisme que tout cela ! Est-ce que la nature change, est-ce que la lumière et l'air changent, est-ce que les passions du cœur humain ont changé depuis Homère? « Il faut suivre son siècle » : mais si mon siècle a tort? Parce que mon voisin fait le mal, je suis donc tenu de le faire aussi? Parce que la vertu, aussi bien que la beauté, peut être méconnue par vous, il faut que je la méconnaisse à mon tour, il faut que je vous imite !

Il y a eu sur le globe un petit coin de terre qui s'appelait la Grèce, où, sous le plus beau ciel, chez des habitants doués d'une organisation intellectuelle unique, les lettres et les beaux-arts ont répandu sur les choses de la nature comme une seconde lumière, pour tous les peuples et pour toutes les générations à venir. Homère a le premier débrouillé par la poésie les beautés naturelles, comme Dieu a organisé la vie en la démêlant du chaos. Il a pour jamais instruit le genre humain, il a mis le beau en préceptes et en exemples immortels. Tous les grands hommes de la Grèce, poètes, tragiques, historiens, artistes de tous genres, peintres, sculpteurs, architectes, tous sont nés de lui : et, tant que la civilisation grecque a duré, tant que Rome, après elle, a régné sur le monde, on a continué de mettre en pratique les mêmes principes une fois trouvés. Plus tard, aux grandes époques modernes, les hommes de génie ont refait ce qu'on avait fait avant eux. Homère et Phidias, Raphaël et Poussin, Glück et Mozart, ont dit en réalité les mêmes choses.

Erreur donc, erreur que de croire qu'il n'y a de santé pour

l'art que dans l'indépendance absolue; que les dispositions naturelles courent le risque d'être
étouffées par la discipline des anciens; que les doctrines classiques
gênent ou arrêtent l'essor de l'intelligence. Elles en favorisent au
contraire le développement, elles
en rassurent les forces et en fé-
condent les aspirations; elles sont
une aide et non une entrave.
D'ailleurs, il n'y a pas deux arts,
il n'y en a qu'un : c'est celui qui
est fondé sur l'imitation de la nature, de la beauté immuable, infaillible, éternelle. Qu'est-ce que
vous voulez dire, qu'est-ce que
vous venez me prêcher, avec vos
plaidoyers en faveur du « neuf »?
En dehors de la nature, il n'y a
pas de neuf, il n'y a que du ba-
roque; en dehors de l'art, tel que

l'ont compris et pratiqué les anciens, il n'y a, il ne peut y avoir que caprice et divagation. Croyons ce qu'ils ont cru, c'est-à-dire la vérité, la vérité qui est de tous les temps. Traduisons-la autrement qu'eux, si nous pouvons, dans l'expression, mais sachons comme eux la reconnaître, l'honorer, l'adorer en esprit et en principe, et laissons crier ceux qui nous jettent comme une insulte la qualification d' « arriérés ».

Ils veulent de la nouveauté ! Ils veulent, comme ils disent, le progrès dans la variété, et pour nous démentir, nous qui recommandons la stricte imitation de l'antique et des maîtres, ils nous opposent la marche des sciences dans notre siècle ! Mais les conditions de celles-ci sont tout autres que les conditions de l'art. Le domaine des sciences s'agrandit par l'effet du temps; les découvertes qui s'y font sont dues à l'observation plus patiente de certains phénomènes, au perfectionnement de certains instruments, quelquefois même au hasard. Qu'est-ce que le hasard peut nous révéler dans le domaine de l'imitation des formes? Est-ce qu'une partie du dessin reste à découvrir? Est-ce que, à force de patience ou avec de meilleures lunettes, nous apercevrons dans la nature des contours nouveaux, une nouvelle couleur, un nouveau modelé? Il n'y a rien d'essentiel à trouver dans l'art après Phidias et après Raphaël, mais il y a toujours à faire, même après eux, pour maintenir le culte du vrai et pour perpétuer la tradition du beau.

DE LA PRATIQUE ET DE SES CONDITIONS

Il ne faut pas rechercher outre mesure les sujets : un peintre peut faire de l'or avec quatre sous. J'ai conquis ma réputation avec un *ex-voto*, et tous les sujets peuvent produire des poèmes. On ne doit pas non plus trop se préoccuper des accessoires; il faut les sacrifier à l'essentiel, et l'essentiel, c'est la tournure, c'est le contour, c'est le modelé des figures. Les accessoires doivent jouer dans un tableau le même rôle que les confidents dans les tragédies. Les auteurs les y mettent pour encadrer les héros et les faire saillir : nous devons, nous peintres, entourer nos figures, mais de façon que cet entourage serve à fixer l'attention sur elles et à enrichir le principal de tout l'éclat que nous enlevons à ce qui l'environne.

Une demi-figure inutile suffit pour gâter la composition d'un tableau.

C'est par les gravures qu'on juge des tableaux et de leur mérite. Comme on a les unes sous les yeux plus facilement et plus habituellement que les autres, on saisit mieux les côtés faibles de la composition ou du style, on apprécie chaque intention plus rigoureusement et plus à l'aise. Il faut donc que le peintre regarde de bien près à son œuvre en vue de la gravure; il faut qu'il s'arme soigneusement avant de se soumettre à cette épreuve. S'il en sort victorieux, c'est que sans nul doute il méritait la victoire.

Ce qu'on appelle « la touche » est un abus de l'exécution. Elle n'est que la qua'ité des faux talents, des faux artistes, qui s'éloignent de l'imitation de la nature pour montrer simplement leur adresse. La touche, si habile qu'elle soit, ne doit pas être apparente : sinon, elle empêche l'illusion et immobilise tout. Au lieu de l'objet représenté, elle fait voir le procédé; au lieu de la pensée, elle dénonce la main.

La différence est grande entre l'art de reproduire dans un tableau les traits caractéristiques de la nature que l'on a relevés à l'avance, et le talent qui consiste simplement à copier avec exactitude sur la toile l'homme qu'on a fait venir pour poser. On raconte qu'Annibal Carrache ayant commencé à peindre un *Christ mort sur les genoux de la Vierge* pour un tableau d'autel qui est dans l'église de San-Francesco, à Ripa, il en fit une figure admirable et toute divine, mais qu'ayant ensuite fait dépouiller un modèle, afin de retoucher d'après lui le corps du Christ, il changea toute cette première production de son esprit. Pour s'être trop défié de ses moyens, il gâta son ouvrage. Donc voilà un exemple, donc il faut se le rappeler en matière d'exécution d'un tableau.

D'ailleurs, sans cet exemple-là, il y a mille preuves que les anciens peintres et tous les grands maîtres, à commencer par Raphaël, ont exécuté leurs fresques d'après des cartons, et leurs petits tableaux de chevalet d'après des dessins plus ou moins terminés... Votre modèle n'est jamais la chose même que vous voulez peindre, ni comme caractère de dessin, ni comme couleur; mais, en même temps, il est indispensable de recourir à lui. Pour peindre Achille, le plus beau des hommes, n'eussiez-vous qu'un malotru, il faut qu'il vous serve, et il vous servira pour la structure du corps humain, pour le mouvement et l'aplomb. La preuve en est dans ce que Raphaël faisait lorsqu'il commençait d'après ses élèves les études des mouvements pour les figures de ses divins tableaux.

Quelque génie que vous ayiez, si vous peignez non d'après la nature déjà copiée par vous, mais directement d'après le modèle, vous serez toujours esclave et votre tableau sentira la servitude. Raphaël au contraire avait si bien dompté la nature, il l'avait si bien dans la mémoire, que, au lieu qu'elle lui commandât, on dirait que c'est elle-même qui lui obéissait, qu'elle venait d'elle-même se placer dans ses ouvrages. On dirait que, comme une maîtresse passionnée, elle n'avait de si beaux yeux, des charmes si puissants que pour l'heureux et privilégié Raphaël, espèce de divinité sur la terre. Aussi est-elle bien juste l'épitaphe composée par Bembo.

Les anciens ont affecté de séparer tous les objets dans leurs tableaux. C'est là un principe qu'ils ont tous plus ou moins suivi et qui leur a surtout attiré les critiques des modernes, parce que ceux-ci se sont imposé le principe absolument contraire, celui de tout lier. Si l'on se croit le droit de condamner en cela les anciens, que l'on condamne également leurs ouvrages dramatiques. Condamnez donc aussi, insensés ! tous ceux de leurs ouvrages où ils ont voulu la simplicité, puisqu'on recherche aujourd'hui un vain éclat et une pompe mesquine, puisque, dans tous les genres, nous montons sur des échasses pour nous faire grands. Cette règle d'espacer les objets en peinture et dans les bas-reliefs tenait au désir d'exprimer pleinement la beauté et de la montrer dans les développements des lignes. Ils n'auraient pas consenti, comme nous, à sacrifier des parties considérables d'une figure en les cachant derrière une figure voisine. Il n'était pas permis alors à un artiste de se résoudre au moindre sacrifice ou de s'abandonner à la moindre négligence. Tout devait être beau dans son ouvrage, parce qu'il fallait que tout s'y fît nettement distinguer.

La fresque a toujours été chérie et employée par les plus

grands peintres comme le procédé de peinture qui inspire le plus et qui, par son exécution plus simple et plus facile, permet surtout d'enfanter les grandes choses : c'est tout dire, elle est *monumentale*... mais une décoration trop riche, le voisinage des marbres, par exemple, peut faire du tort à cette austère peinture à l'eau. Il me semble avoir toujours vu la fresque accompagnée de la fresque. L'emploi le plus grand de ce genre se trouve dans la Chapelle Sixtine, dans les *Stanze* et les Loges, à la Farnésine et dans d'autres lieux, tous décorés par la fresque seule, par des ornements arabesques et des petits tableaux d'architecture, le tout rehaussé seulement d'or et des plus belles couleurs.

Le peintre d'histoire rend l'espèce en général, tandis que le peintre de portraits ne représente que l'individu en particulier, par conséquent un modèle souvent ordinaire ou plein de défauts.

Pour bien réussir dans un portrait, il faut se pénétrer d'abord du visage que l'on veut peindre, le considérer longtemps, attentivement, et de tous les côtés, et même consacrer à cela la première séance.

Un portrait manque souvent de ressemblance parce que le modèle a été d'abord mal posé, parce qu'il a été placé dans de mauvaises dispositions d'ombre et de lumière qui le feraient méconnaître lui-même si on le voyait dans l'endroit où il a été peint.

Il y a des visages qu'il sera plus avantageux de peindre de front, d'autres de trois quarts ou de côté, quelques-uns de profil. Les uns exigent beaucoup de lumière, les autres font plus d'effet quand il y a des ombres. C'est surtout aux visages maigres qu'il faut procurer de l'ombre dans la cavité des yeux, parce qu'une tête a ainsi beaucoup d'effet et de caractère. Pour cela, faire venir le jour d'en haut et en petite quantité.

Dans les portraits, beaucoup de fond au-dessus des têtes; pour ce fond, un côté clair et l'autre sombre.

JUGEMENTS SUR QUELQUES OEUVRES D'ART

ET SUR QUELQUES ARTISTES.

Les matériaux de l'art sont à Florence et les résultats sont à Rome.

Le vrai berceau de la belle peinture a été la Chapelle des Brancacci, dans l'église des Carmes, à Florence.

Les deux églises superposées d'Assise. — Celle d'en bas est sombre, mystérieuse; c'est le lieu des expiations. Celle d'en haut est claire, sereine : c'est le ciel, c'est l'espérance et le bonheur qui l'accompagne.

Le seizième siècle a produit les plus grands hommes dans tous

136

les arts. Tous ceux de ce temps-là étaient conduits par cette règle constante, infaillible, que le dessin est le seul principe capable de donner aux ouvrages de l'art leur véritable beauté et leur véritable forme. De là tant de travaux éloquents et d'immortels chefs-d'œuvre.

Raphaël n'était pas seulement le plus grand des peintres; il était beau, il était bon, il étai tout !

Le ciel sembla jaloux de la terre lorsqu'il lui ravit si tôt Raphaël et Mozart.

Tout homme, pour peu qu'il ait un entendement sain, le sentiment des arts et le tact du beau, aura un besoin toujours renaissant de s'entretenir d'Homère, à qui il devra ses plus pures jouissances. Plus on parlera d'Homère, plus on aura de choses à en dire; les idées neuves naîtront de celles qu'on croit usées. Il en sera de même du divin Raphaël, dont les louanges ne sont encore qu'ébauchées.

Je suis allé avec Paulin voir les *Stanze* (1814). Jamais Raphaël ne m'avait paru aussi beau, et, plus que jamais encore, je remarquai combien cet homme divin l'emporte sur les autres hommes. Je suis convaincu qu'il travaillait de génie et qu'il portait toute la nature dans sa tête ou plutôt dans son cœur. Lorsqu'on en est là, on est comme un second créateur.

Sa *Dispute* et surtout sa *Messe de Bolsène* m'ont paru des chefs-d'œuvre merveilleux. Dans celle-ci, quels portraits ! et, dans l'autre, quelle belle et noble symétrie ! symétrie qu'il a employée presque toujours, ce qui donne à ses compositions cet air si grand, si majestueux!

Dans l'*Héliodore*, il a mis, selon sa coutume (et c'est beau), les groupes principaux sur les bords et il a laissé un vide au milieu.

Ses plis ont l'air de vouloir faire place à d'autres, tant ils imitent la nature et le mouvement.

Il me faudrait un livre, des volumes, pour m'étendre sur les qualités de Raphaël et sur ses inventions incomparables : mais je dirai que les fresques du Vatican valent bien plus à elles seules que toutes les galeries de tableaux ensemble. Ce beau musée est si varié, celui qui l'a fait a si bien touché toutes les cordes, si bien imité la souplesse de la nature jusque dans la diversité des effets! Et tout cela a été peint par Raphaël sur des dessins !

Adonc continuons, et tâchons de l'imiter, de le deviner, en étant, moi, assez malheureux pour avoir à regretter toute ma vie de n'être pas né dans son siècle. Quand je pense que, trois cents ans plus tôt, j'aurais pu devenir son disciple véritablement!

Raphaël a peint les hommes bons : tous ses personnages ont l'air d'honnêtes gens.

Homère, repoussé, misérable,
mendie. Apelles accusé par la ca-
lomnie, est sauvé par la vérité :
son œuvre lui sert de justifica-
tion. Phidias, injustement accusé, meurt misérablement, si ce
n'est violemment. Socrate, Euripide, Théocrite, Esope, Dante,
Jean Goujon, meurent de mort
violente ou sont tourmentés
comme devraient l'être les méchants : Lesueur enfin ! Poussin,
notre grand Poussin, persécuté
par un Fouquières, dégoûté,
quitte la France qu'il devait or-
ner. Et Dominiquin, et tant d'autres, et Camoëns !

Il est vrai que, même dans les
temps héroïques, Midas préféra
Pan à Apollon.

Les grands hommes sont per-
sécutés comme s'ils avaient mé-

rité le supplice des coupables par les Furies, précisément parce qu'ils sont de grands hommes. Et Molière ! Il n'y a pas une de ses pièces qui ne lui ait coûté des larmes amères. Molière ! Et Mozart !... Mais je ne finirais pas,

Raphaël pourtant fut heureux, dira-t-on. Oui, mais c'est qu'il était de nature divine, inviolable.

En considérant les œuvres gigantesques, sublimes de Michel-Ange, en les admirant de tout son cœur, on y aperçoit cependant les symptômes ou les marques des fatigues de l'humanité. C'est le contraire chez Raphaël. Ses œuvres sont toutes divines, car la création en paraît facile et, comme dans les œuvres de Dieu, tout y semble un pur effet de la volonté.

Raphaël et Titien tiennent sans contredit le premier rang parmi les peintres, et pourtant Raphaël et Titien ont considéré la nature sous des aspects bien différents. Tous deux ont possédé le privilège d'étendre leur vue sur toutes choses : mais le premier a cherché le sublime là où il est vraiment, dans les formes, et le second dans le coloris.

Je comprends aujourd'hui (août 1854), — si l'intelligence divine de Raphaël peut se comprendre, — comment Raphaël a pu produire tant d'œuvres de peinture par ce que j'ai produit moi-même depuis quelque temps, avec le secours de mes deux élèves qui peignent pour ainsi dire, comme moi, exécutant le beau matériel de mes ouvrages, mais sous ma continuelle direction, pendant que, de mon côté, je termine.

Les fresques d'Andrea del Sarto à Florence sont bien décidément, suivant moi, ce qu'on peut voir de plus complet dans la peinture d'histoire après les œuvres de Raphaël.

Les portraits peints par Holbein sont, comme physionomie et comme dessin, au-dessus de tous les autres Il n'y a que ceux de Raphaël qui les surpassent.

144

Rien peut-être ne m'a mieux donné une idée de la peinture des anciens que certaines parties de fresques de Jules Romain dans le palais du Té, à Mantoue.

Quel maître que celui qui a fait, à Mantoue, la figure de Polyphème, et la femme nue, au premier plan, dans les *Noces de Psyché* ! Voilà ce que tout peintre d'histoire devrait copier, pour acquérir des trésors qui le feront vivre toute sa vie et pour venger ce grand homme de l'injustice ou de l'impertinence avec laquelle les ignorants parlent de lui. On le regarde généralement comme « un aide docile, » comme un simple imitateur de Raphaël, presque comme un habile ouvrier. Il suffirait pourtant de

145

voir, quand on a des yeux, ses cartons et ses dessins du Louvre; mais c'est convenu, Jules Romain n'a su qu'imiter son maître, voilà tout : tandis que son génie était sinon aussi fort, aussi créateur que celui de Michel-Ange, au moins aussi original et aussi ample que celui de Fra Bartolommeo. Est-il, dans aucune école, un seul maître qui ait interprété l'antique comme celui-là? Les joueuses de cymbales des *Noces* et toutes les compositions de l'*Histoire de Psyché*, cela ressemble-t-il à Raphaël? Il n'avait pas, lui, malgré son divin génie, le sentiment de l'antique comme Jules Romain. Raphaël, c'est la grâce, c'est la beauté, c'est l'harmonie, enfin c'est Raphaël : Jules Romain, c'est l'antique. Et l'exécution de ces peintures de Mantoue ! Je n'en connais pas de plus parfaite ni de plus surprenante, quand on songe que ce sont des fresques. Oh! quel maître, quel maître! Comment a-t-il eu si peu de réputation de son vivant? et il faut encore qu'après lui cette iniquité subsiste ! Non, cela ne doit pas être. Il faut que tous les honnêtes gens qui comprennent l'art se liguent pour lui faire rendre les honneurs qu'il mérite et pour le mettre enfin à sa vraie place!

Poussin ne pouvait rien souffrir de Michel-Ange de Caravage : il disait qu'il était venu au monde « pour détruire la peinture ». On pourrait bien en dire autant de Rubens et de plusieurs autres.

Le Caravage cependant a fait de beaux portraits, notamment celui du *Grand Maître de Malte*, qui va de pair avec les portraits les meilleurs et de première ligne.

Oui sans doute, Rubens est un grand peintre : mais c'est ce grand peintre qui a tout perdu

Chez Rubens, il y a du boucher; il y a avant tout de la chair fraîche dans sa pensée et de l'étal dans sa mise en scène.

Vous êtes mes élèves, par conséquent mes amis, et, comme tels, vous ne salueriez pas un de

mes ennemis, s'il venait à passer
à côté de vous dans la rue. Dé-
tournez-vous donc de Rubens
dans les musées où vous le ren-
contrez; car si vous l'abordez,
pour sûr il vous dira du mal de
mes enseignements et de moi.

Les écoles flamande et hollan-
daise ont leur genre de mérite,
je le reconnais. Ce mérite, je puis
m'en flatter, je l'apprécie autant
que personne; mais, de grâce, ne
confondons rien. N'admirons pas
Rembrandt et les autres à tort et
à travers; ne les comparons pas,
eux et leur art, au divin Raphaël
et à l'école italienne : ce serait
blasphémer.

L'air naturel, sans affectation
d'aucune sorte, des *portraits* de

Titien nous arrache un respect involontaire. La noblesse y paraît innée et inhérente. Lorsque, par hasard, un portrait de Titien se trouve placé à côté d'un Van Dyck, celui-ci devient froid et gris par cette comparaison.

Ce qui manque en général à notre école de peinture, Poussin et deux ou trois autres exceptés, c'est la force naturelle et saine. Elle est plus nerveuse que robuste. Or c'est la force seule qui fait les grands rénovateurs et les grandes écoles.

Tous les tableaux de Poussin se ressentent de l'étude particulière qu'il a faite de la peinture antique, la *Noce aldobrandine*. Il a poussé la vénération pour les anciens assez loin pour désirer de donner à ses ouvrages l'air de vrais tableaux antiques, même dans la proportion des figures. Il nous a enseigné que lorsqu'on veut représenter des sujets de l'antiquité, il ne faut pas qu'il y ait quelque chose dans le tableau qui nous fasse penser aux temps modernes. L'esprit se promène alors dans les siècles passés; rien ne doit se présenter à lui qui puisse le tirer de cette illusion.

Le génie de Poussin ne l'eût pas conduit si loin et si haut dans la philosophie de la peinture, s'il n'y eût joint l'étude assidue des bons auteurs anciens et la conversation des hommes savants.

Poussin ne se présente pas à la postérité avec l'avantage d'avoir exécuté de grands travaux publics dans notre pays. A qui la faute? A un roi petit, à des ministres trop peu instruits et par conséquent instruments du mal, à Vouet et à sa cabale, à un Fouquières intrigant. Ses heureux goûts philosophiques le consolèrent. Il chérissait l'indépendance, et s'était élevé au-dessus de la gloire de vaincre des rivaux qui n'étaient que des envieux... L'amour extrême qu'il eut toute sa vie pour la retraite, et ses infortunes, l'obligèrent à ne donner à ses ouvrages que des proportions restreintes : qu'importe? Libre de toute vaine ambition dans la route qu'il se fraya et dont il ne s'écarta jamais, il sut jusqu'à la fin tirer parti de lui-même pour faire naître des jouissances inconnues à l'âme des hommes avant lui, et pour contenter son propre génie et son cœur.

Sans être sorti de la campagne de Rome, et presque de Rome même, l'immortel Poussin a découvert le sol pittoresque de l'Italie. Il a découvert un nouveau monde, comme ces grands navigateurs, Améric Vespuce et autres; mais sa conquête a été plus paisible. Poussin, — nom glorieux entre tous! — a su voir dans le pays qu'il a si noblement exploité ce que les autres n'y avaient pas vu, pas même Titien, les Carrache, les Dominiquin : grands peintres d'histoire et, à cause de cela, grands paysagistes, car il n'y a que les peintres d'histoire qui soient capables de faire du beau paysage. Lui le premier, lui seul, il a imprimé *le style* à la nature italienne. Par le caractère et le goût de ses compositions, il a prouvé que cette nature lui appartenait; si bien qu'en face d'un beau site, on dit, et l'on dit justement, qu'il est *poussinesque*.

Au dix-septième siècle, l'Italie, comme épuisée par ses gloires, semble se reposer et céder à notre pays sa puissance et ses triomphes. Les Carrache et les Dominiquin ferment les portes du temple. C'est un Français, c'est Nicolas Poussin qui hérite de l'autorité des maîtres italiens et

154

de leurs privilèges, mais avec une hauteur de vues personnelles, avec une profondeur de pensée et un art admirables : Poussin ! le modèle des hommes par son caractère, et l'un des plus grands peintres du monde.

Eustache Lesueur : tendre enfant des œuvres de Raphaël, qui, sans être sorti de Paris, devina le beau et enfanta des merveilles de grâce et de simplicité sublime. Sa vie presque ignorée, comme celle de Jean Goujon, ne fut pas, à ce qu'il semble, plus heureuse, tandis que celle d'un émule bien inférieur à lui par le sentiment et par le style s'écoula dans la gloire : Charles Lebrun fut comblé d'encouragements et d'honneurs. Lebrun d'ailleurs est à sa manière un grand artiste. Voyez ses belles compositions sur l'*Histoire d'Alexandre* et ses immenses travaux à Versailles. Aujourd'hui sa réputation a baissé, mais il est en réalité au-dessus de celle qui lui reste.

S'il est permis de ranger Philippe de Champaigne parmi les peintres appartenant à notre pays, on peut dire que les œuvres les plus vraiment religieuses qui aient paru depuis la fin de la renaissance italienne sont des œuvres françaises. Les tableaux religieux de Lesueur l'emportent de beaucoup sur tout ce qui a été peint en ce genre hors de France, et les *Religieuses de Port-Royal*, par Philippe de Champaigne, sont un miracle d'onction, de simplicité, d'expression profonde sous le calme des apparences, dont certes on ne trouverait nulle part l'équivalent. Et quelle vérité admirable dans ces deux portraits ! Quelle ingénuité du peintre devant la nature, quelle sincérité, quelle bonne foi !

« Les Français, dit Félibien, ont naturellement la mauvaise coutume de n'estimer pas assez les hommes savants qui naissent parmi eux et d'estimer trop ce qui vient des pays étrangers ». Félibien disait cela sûrement à l'occasion de la préférence que l'on avait donnée au Bernin sur les architectes français, lorsqu'on le fit venir à Paris pour y exécuter la façade du Louvre. Tous savent que, quoiqu'il fût un homme de génie, il trouva ici à qui parler, et qu'il eut la modestie de se retirer. Celui qui a hérité aujourd'hui de sa réputation, celui qui se nomme Canova et qui passe pour le meilleur artiste de l'Italie, mais qui n'a du Bernin qu'un mauvais goût d'une autre sorte, ne s'en est pas tiré avec autant de modestie et de bonne foi. Or ce sont ces deux qualités qui achèvent le grand homme.

Canova, de son vivant, fut réputé un demi-dieu, même à Paris, où il y avait cependant des sculpteurs qui le valaient bien. Mais comme le temps est un maître justicier, qu'est devenu le grand homme? Excepté la figure du Pape sur le *Tombeau* de saint

Pierre, et quelques gracieux ouvrages d'une brillante exécution,
que reste-t-il de lui? Rien, pas
grand'chose; personne ne s'en oc-
cupe plus. (1835.)

La mort du pauvre Léopold
Robert est affreuse. J'en ai été
doublement touché, par ma propre douleur et par celle qu'aura
éprouvée M. Marcotte. C'est une
perte réelle pour l'art; mais, sans
dire du mal des morts, j'aime
très-peu le tableau des *Pêcheurs*.

Il est à remarquer que, même
à ses moins belles époques, l'école
française a gardé la suprématie
sur les autres écoles. Voyez ce qui
se passe au temps du trop célèbre
Boucher. Malgré la décadence
évidente du goût, malgré le

règne impudent en France de la manière et de la convention, notre art au dix-huitième siècle a plus d'esprit, de grâce, de savoir même, que l'art pratiqué alors par les autres nations. Celles-ci, en s'efforçant de nous imiter, n'arrivèrent qu'à redire gauchement ce que nous avions dit au moins avec aisance et avec adresse.

J'ai vu hier (22 octobre 1852); mais sans l'auteur que je n'ai pas trouvé, la chapelle de M. Périn à Notre-Dame de Lorette. Peinture froide, mais pleine de talent; d'un ton agréable, bon caractère religieux, et, dans les petits tableaux, des choses délicieuses : le tout fait avec une conscience et un soin qui, à eux seuls, constituent un rare mérite, surtout aujourd'hui. Aussi tout cela aurait-il droit à une sérieuse approbation.

Eh! que m'importent à moi les talents, fussent-ils de grands talents, s'ils sont dirigés vers un but vicieux, s'ils n'aboutissent qu'à un résultat immoral? Que m'importent ces faux beaux esprits, ces Byron et ces Gœthe de toute espèce qui, dans les lettres ou dans les arts, pervertissent, corrompent ou découragent le cœur de l'homme? Pour moi ils n'existent pas, puisqu'ils sont hostiles ou inutiles à la cause du vrai beau. Que d'autres les vantent, si bon leur semble : moi, je les maudis.

Le talent! de notre temps, il court les rues, mais c'est à dé-goûter du talent.

Je voudrais qu'on enlevât du Musée du Louvre ce tableau de *la Méduse* et ces deux grands *Dragons*, ses acolytes; que l'on plaçât l'un dans quelque coin du ministère de la marine, les deux autres au ministère de la guerre, pour qu'ils ne corrompent plus le goût du public qu'il faut accoutumer uniquement à ce qui est beau. Il faut nous délivrer aussi une bonne fois des sujets d'exécution, d'auto-da-fé et autres : est-ce là ce que la peinture, la peinture saine et morale, a la mission de représenter? Est-ce là ce qu'on doit admirer, est-ce à ces horreurs qu'on doit se plaire?

Je ne proscris pas pour cela les effets de la pitié ou de la terreur, mais je les veux tels que les a rendus l'art d'Eschyle, de Sophocle ou d'Euripide. Je ne veux pas de cette *Méduse* et de ces autres tableaux d'amphithéâtre qui ne nous montrent de l'homme que le cadavre, qui ne reproduisent que le laid, le hideux : non, je n'en veux pas! L'art ne doit être que le beau et ne nous enseigner que le beau.

MUSIQUE ET MUSICIENS

La musique ! quel art divin ! honnête, car la musique a aussi ses mœurs. L'italienne n'en a que de mauvaises : mais l'allemande !

En musique, comme dans tous les autres arts, il n'y a pas de grâce sans la force.

La force est une qualité nécessaire, un grand véhicule dans les œuvres de l'art; mais bien peu qui l'aient raisonnablement, car pas trop n'en faut.

Pour adoucir les mœurs des Arcadiens, qui se ressentaient de la dureté du climat, les lois forcèrent chaque citoyen à étudier la musique jusqu'à l'âge de trente ans : les Arcadiens, devinrent par ce moyen les plus polis et les plus sincères des Grecs. Seuls les habitants de Cynèthe refusèrent de suivre l'exemple des autres Arcadiens. Ils méprisèrent la musique et demeurèrent dans

leur sauvagerie naturelle. Et
nous? que voulons-nous faire?
Sommes-nous en train de devenir
des Arcadiens ou des Cynéthiens?

Lulli, plus efféminé que Rameau, a quelquefois été grand,
et Rameau, quoique en général
majestueux, a sacrifié aux grâces
et à la volupté. Le premier a été
regardé même par les Italiens
comme un compositeur de tré-
teaux, tandis qu'ils admirèrent et
firent passer dans leur langue
quelques opéras du second, qui
était Français. De même, j'ai vu
à Rome une simple valse de Mozart surprendre et charmer pendant près de quatre ans tous les
chantants et toutes les chantantes
du pays. Ne serait-ce pas là tout
à la fois la meilleure preuve du

talent de Rameau comme du génie de Mozart, et la plus claire réfutation du système du stoïcien (Rousseau) qui nous dénie une musique?

Effet du *Requiem* de Mozart à San-Gaëtano, en compagnie du ministre de Suède. — A part l'admiration pour ce divin chef-d'œuvre, il m'était venu dans l'idée que si je pouvais faire la musique d'une messe des morts j'essayerais d'y ajouter certains prestiges pour produire des effets de pitié et de terreur inusités, à l'exemple des *Euménides* d'Eschyle. Je ferais sortir de dessous terre des voix de trépassés, des hurlements, des effets d'orchestre à la Gluck... le ricanement des diables et le bruit des tortures

166

des damnés... Il y aurait la plus
grande obscurité et la plus
grande lumière, selon la situation des feux follets; puis les op-
positions les plus douces et les
plus pures : sentiments d'espérance pour les justes, à côté du
repentir et des cris des coupables.
On ne verrait point les musiciens, pour que rien ne vînt dis-
traire des effets mêmes de la musique dans ce sujet si terrible et
si solennel. L'église obscure, par-
semée de tombeaux, et ne rece-
vant de clarté que par accidents;
pas d'instruments à cordes claires; tous sombres, doux, mélan-
coliques : quintes, basses, haut-
bois, trompettes sourdes. (Florence, 1821.)

Vive *Don Juan*, chef-d'œuvre de l'esprit humain! Vive Mozart, le dieu de la musique, comme Raphaël est le dieu de la peinture! Vive Gluck, ce divin déclamateur, le seul qui parmi les modernes ait chaussé le cothurne grec! Et vive cet homme extraordinaire qui, sans être aucun des deux autres, a transporté à lui seul, par son terrible génie, son art indompté et sublime à d'autres bornes!

Adorons toujours avec la même ferveur et la même passion Gluck, Haydn, Beethoven, Mozart, notre Raphaël en musique. On a beau dire, tout ce qui n'est pas ces hommes vraiment divins cloche à leurs côtés. On y revient constamment : leurs beautés sont tellement inépuisables qu'on croit toujours les entendre pour la première fois, et la dernière est toujours la plus belle... Mais jamais rien d'italien! Au diable ce commun, ce trivial, où tout, jusqu'à « Je te maudis », se dit en roucoulant !

Pour quiconque étudie la musique, que les œuvres d'Haydn soient le pain quotidien! Beethoven certes est admirable, il est incomparable, mais il n'a pas la même utilité qu'Haydn : il n'est pas nécessaire.

Haydn n'a pas fait de chef-d'œuvre, il n'a pas son chef-d'œuvre. Je le crois bien ! il est chef-d'œuvre partout.

Ces symphonies de Beethoven sont grandes, terribles, et aussi d'une grâce et d'une sensibilité exquises, celle en *ut* surtout; mais elles sont toutes belles, et les petites se font toujours plus grandes. Et Haydn ! le grand musicien, le premier qui a tout créé, tout trouvé, et tout appris aux autres ! Est-ce que je suis vieux? Mais c'est celui vers lequel je reviens toujours avec plaisir et calme, comme au pain dont jamais on ne se lasse.

On m'a raconté que Beethoven se promenait souvent seul aux environs de Vienne, pour se livrer à ses inspirations; il était presque sourd. Un jour il s'était agenouillé sur un chemin pour écrire ce qu'il venait de composer. Un convoi survient, suivi d'un nombreux cortège : Beethoven reste immobile. Les préoccupations de son génie, non moins que sa surdité, le rendent étranger à tout ce qui se passe autour de lui; mais on l'avait reconnu. Le cortège et le convoi s'arrètent: « Attendons qu'il ait fini », s'était-on dit unanimement; et l'on attendit en effet que Beethoven se fût relevé.

Quel bel hommage rendu à ce grand homme ! C'est que le génie en travail est en communication avec Dieu même. Voilà ce qu'on sent à Vienne, chez un peuple éminemment religieux : voilà pourquoi ce peuple a pu sans impiété faire incliner un mort devant un vivant.

Je ne vais plus dans les con-
certs, qui fatiguent trop mes
nerfs; mais j'aime les quatuor de
chambre et la musique de piano.
Avec cet instrument, la musique
vient toute seule par la lecture.
C'est là qu'on la goûte, qu'on la
savoure... **Mon** excellente Delphine embellit ma solitude
presque tous les soirs par les so-
nates du divin Haydn, qu'elle dit
non pas *à la virtuose*, ce que je
déteste, mais dans le vrai sentiment musical, et je l'accompagne
quelquefois.

Les musiciens de génie savent
seuls plaisanter. Méhul plaisante
dans l'*Irato*, mais il plaisante en
dieu : c'est Jupiter qui badine.

FIN.

172

JUSTIFICATION

DU

TIRAGE

CET ouvrage a été achevé d'imprimer, le 25 février 1922, par la Société Parisienne d'Imprimerie. On en tira 30 exemplaires sur papier pur fil des manufactures Lafuma, numérotés de 1 à 30.